VORWORT
VON GERALD HÜTHER
7

EINSTIEG
11

TEIL 1:
DAS KREUZ MIT DER
RESILIENZ
21

Kreativität
136

Selbst-
distanzierung
142

Von innen
nach außen
26

Danke
203

Demut
147

Resilienz
als Egotrip
30

Sanftmut
150

Symptom-
bekämpfung
statt Wurzel-
behandlung
33

QUELLEN
205

Disziplin
157

Besinnung
164

Was ist das
Huhn und was
das Ei?
38

Erinnerungen
168

Ein Gespräch
mit Hirnforscher
Gerald Hüther
45

Feuerwerk
im Kopf
48

Standbeine
55

W0034625

SAMUEL KOCH

STEH**AUF** MENSCH!

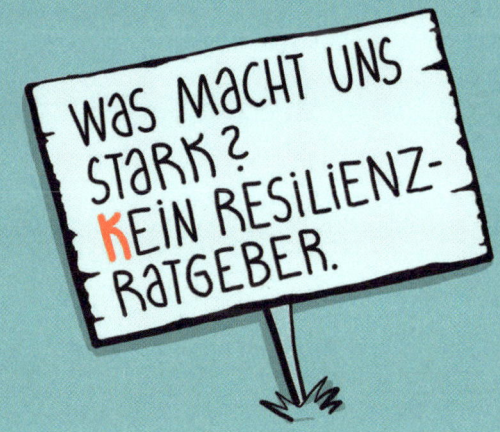

WAS MACHT UNS STARK? KEIN RESILIENZ-RATGEBER.

adeo

Verantwort-
lichkeit

Dienen

133

Gemeinschaft 122

Langmut 117

110

Loslassen

104

EPILOG:
VITAMINE FÜR
DIE SEELE

Versöhnung

96

Vergebung

92

Sinn

186

Dankbarkeit

88

Beweglichkeit

Glaube

184

83

Endlichkeits-
bewusstsein

Hoffnung

TEIL 2:

174

75

STEHAUFWERTE:
MEINE ALTERNATIVEN
SÄULEN DER RESILIENZ

69

Wie man anderen
beim Aufstehen
helfen kann

199

193

Würde und Wert

64

VORWORT VON GERALD HÜTHER

Wissen Sie, was Stress ist? Der Ausdruck kommt aus dem Maschinenbau und ist eine Bezeichnung für die Scherkräfte, die dazu führen, dass sich ein Werkstück allmählich verformt. Nun braucht es nicht mehr viel Phantasie, um zu erahnen, woher der Resilienz-Begriff kommt. Auch aus dem Maschinenbau.

Samuel Koch erklärt in diesem so wunderbar leicht, fast amüsant geschriebenen Buch, was damit gemeint ist: dass ein elastischer Werkstoff nach einer Verbiegung wieder in seine ursprüngliche Form zurückfindet. Der Umstand, dass wir in unserer gegenwärtigen Welt ständig davon reden, wie viel Stress wir haben, und uns eingeredet wird, dass es darauf ankommt, mehr Resilienz zu entwickeln, macht vor allem eines deutlich: wie sehr das Maschinenzeitalter unsere Vorstellungen von uns selbst, von unserem Körper geprägt hat. Gelenke müssen besser geschmiert, Gehirne optimiert, verschlossene Teile ausgewechselt und Treibstoffe in Form von Nahrungsergänzungsstoffen und Energy-Drinks zugeführt werden. Na prima! Wer sich selbst mit einer Maschine verwechselt, kann dann auch nur noch hoffen, dass ihn jemand repariert, wenn er oder etwas an ihm kaputt gegangen ist.

Und es gibt ja auch eine Unmenge an Reparateuren, die sich mit oder ohne akademische Ausbildung dafür anbieten. Die haben freilich kein allzu großes Interesse daran, dass Menschen auf die Idee kommen, sie seien lebendige Wesen und keine Maschinen, die optimal zu funktionieren haben.

Deshalb ist es ein Segen, wenn da endlich mal einer daherkommt, bei dem durch einen schrecklichen Unfall so gut wie nichts mehr funktioniert, und ein Buch darüber schreibt, wie es auch dann noch gelingen kann, wieder aufzustehen. Wer könnte das besser und überzeugender tun als Samuel Koch? Er hat Resilienz weder studiert noch irgendeinen akademischen Abschluss als Resilienz-Experte vorzuweisen. Aber er weiß, wovon er redet. Denn er hat es am eigenen Leib erfahren. Er hat sich nach diesem furchtbaren Unfall nicht vom Stress verbiegen oder gar zerbrechen lassen, und er ist auch nicht elastisch wie ein mechanisches Steh-auf-Männchen in seine alte Form zurückgekehrt.

Er hat die Kurve gekriegt und sich selbst noch einmal neu erfunden. Deshalb weiß er auch, wovon er redet, wenn er uns in diesem Buch seinen Spiegel vorhält. Es geht nicht darum, optimal zu funktionieren, sondern es geht darum, ob es uns gelingt, lebendig zu bleiben. Nicht das bewahren zu wollen, was wir haben, sondern Altes, nicht nur unsere materiellen Besitztümer, sondern vor allem unsere aus dem Maschinenzeitalter stammenden Vorstellungen loszulassen. Es geht nicht darum, so zu bleiben, wie wir sind, sondern immer wieder aufzustehen, uns weiterzuentwickeln, über uns hinauszuwachsen.

Wie gut das tut, eine solche Botschaft von einem solchen Menschen zu hören!

Machen Sie den Versuch. Lesen Sie dieses Buch, und Sie werden nie wieder in Ihrem Leben daran glauben, dass es darauf ankäme, resilient zu werden.

Aber Vorsicht: Es kann sein, dass sich dadurch Ihr Leben verändert! Freuen Sie sich darauf. Es gibt nichts Beglückenderes, als endlich wieder aufzustehen.

Göttingen, im Oktober 2018   Gerald Hüther

EINSTIEG

- ▶ Der „Stehaufmensch-Effekt"
- ▶ Stress und seine Auswirkungen bewältigen
- ▶ Die drei Dinge, die Sie unbedingt tun müssen, um glücklich zu werden
- ▶ Techniken, die Ihre Beziehung zu neuen Höhenflügen führen
- ▶ Resilienz: Schritt für Schritt nachhaltig steigern
- ▶ Übungen: Ausbau Ihres Resilienzportfolios

Verdoppeln Sie Ihre Zufriedenheit und Lebensfreude in 5 Minuten täglich!

Bonus: Die revolutionäre 3 +1-Formel: Mit dieser Schritt-für-Schritt-Anleitung werden Sie Ihr Leben auf ein neues Glücksniveau heben.

Wenn wir diese Punkte durcharbeiten, sind wir ausgestattet mit dem Handwerkszeug für ein erfolgreiches Leben, resistent gegen Burnout und Stress, stets zielstrebig rational denkende Menschen randvoll mit Lebensbewältigungskompetenz. Glücklich, zufrieden und leistungsfähig.

Das verspricht jedenfalls eine Werbemail für ein Kompaktseminar, das mich und Tausende anderer Leute per E-Mail erreichte.

Und wenn man sich frühzeitig anmeldet, spart man auch noch 100 Euro!

Klingt doch super.

Oder?

Wenn man all das ganz einfach in Seminaren lernen kann, wie kommt es dann, dass Stress, Depressionen, Burnout und sogar daraus resultierende Selbstmorde Hochkonjunktur haben? Wie kann es sein, dass schätzungsweise jedes Jahr 120 Millionen EU-Bürger, also 30 % der Bevölkerung, von stressbedingten Erkrankungen betroffen sind, obwohl es doch so schöne Seminare gibt, dank denen all das demnächst kein Problem mehr ist? Laut einer Analyse des Wissenschaftlichen Instituts der AOK haben sich die Krankschreibungen aufgrund von Burnout-Symptomen seit 2004 verzehnfacht.

Weil es eben nicht so einfach ist.

Ich wünschte, es wäre so, aber meine Erfahrung erzählt eine andere Geschichte. Und ebenso die vieler, vieler anderer Menschen, die mittelunschöne und ganz schön unschöne Dinge erlebt haben und versuchen, damit klarzukommen. Denjenigen von ihnen, die solche Seminare besucht haben, haben diese nicht wirklich geholfen, und die Tipps und Ratschläge waren eher nur Schläge.

In meinem Fall zum Beispiel lief es so: Vor knapp acht Jahren bin ich mit dem Kopf gegen ein Auto gerannt, habe mir viermal das Genick gebrochen und bin seitdem von selbigem abwärts gelähmt. Ich kann keinen Finger rühren und bin rund um die Uhr auf Hilfe angewiesen. Meine Lebensentwürfe und Wunschvorstellungen waren zerstört. Hätte man mich zu diesem Zeitpunkt gefragt, was mein Plan B ist, hätte meine Antwort etwa so ausgesehen:

A. Ich habe keinen Plan B.

B: Ich halte an A fest.

Dank großartiger Unterstützung durch Freunde und Familie war ich sicher privilegiert, aber dennoch war es ein Kampf und ist es noch. Ich habe einige Schlachten verloren und größere Scharmützel gewonnen. Und obwohl ich mittlerweile wieder sagen kann, dass ich partiell-temporär-glücklich und sogar zufrieden bin, bin ich immer noch dabei, dieses einschneidende Erlebnis und seine Folgen in meinem Leben einzusortieren. Ich muss jeden Tag wieder damit ringen – erst letzte Nacht hatte ich mal wieder eine eklige Platzangstattacke – Platzangst im eigenen Körper. Natürlich nervt es immer wieder neu, sich nicht wirklich bewegen zu können und in einem 180-Kilo-Demutspanzer herumzugurken.

Würde ich eine statistische Erhebung aufstellen, welche Frage mir am häufigsten gestellt wird, ginge es in die Richtung: „Wie schaffst du das nur? Was gibt dir die Kraft, weiterzumachen und nicht aufzugeben?"

Und dann scheinen die Fragesteller sich von mir so etwas zu erhoffen, wie es in der kommerziellen Werbemail oben verkauft wird: meine fünf besten Tipps zur Bewältigung von Schicksalsschlägen oder einen Drei-Schritte-Plan zu mehr Durchhaltevermögen.

Ich sitze dann immer mehr oder weniger hilflos da und schaue den Leuten in die traurigen Augen, die mir ihre Geschichten erzählen. Und frage mich selbst, was um Himmels willen ich ihnen sagen soll. Dem Jungen, der mir gerade erzählt hat, dass er normalerweise beim Verlassen des Hauses vor lauter Angst Blut erbricht. Der Mutter, deren kleine Tochter gerade an Krebs gestorben ist.

Oder H., Schauspieler und Familienvater. Er leidet seit fünf Jahren an ALS. ALS oder Amyotrophe Lateralsklerose ist eine Erkrankung des zentralen und peripheren Nervensystems, die zu einem fortschreitenden Muskelschwund führt. Das bedeutet, dass H. immer mehr seiner Körperfunktionen verlieren wird, bis er schließlich erstickt. Das Hospiz in der Nähe seiner Familie hätte ihn nur aufgenommen, wenn er sich entschieden hätte, die Atemmaske wegzulassen, welche ihm Sauerstoff über die Nase zuführt. Denn sie gilt als lebenserhaltende Maßnahme. Spätestens seit wir uns in dem weiter entfernten Hospiz, in dem er jetzt auf den Tod wartet, eine ganze Nacht lang unterhalten haben, habe ich beim Schreiben dieses Buches immer wieder ihn vor Augen – obwohl es unwahrscheinlich ist, dass er das Erscheinungsdatum noch erlebt.

Was könnte fundamental und kraftvoll genug sein, dass es wirklich in allen schwierigen Situationen helfen kann – selbst in seiner?

„Was gibt dir Kraft?" Schon in dem Buch „Rolle vorwärts" habe ich ein ganzes Kapitel dieser Frage gewidmet und dabei gemerkt, dass man sie eigentlich kaum beantworten kann. Jedenfalls nicht vollumfänglich, nicht stellvertretend für andere Menschen und schon gar nicht in Form von Tipps oder Ratschlägen zum Mitnehmen.

Außerdem habe ich unter anderem in den letzten Jahren eines gelernt: Es gibt keine universale Betriebsanleitung für den Umgang mit schwierigen Zeiten. Methoden, die mir aus „tiefen Momenten" helfen, können für andere genau das Falsche sein, und Tipps, die ihnen wiederum helfen, mich nur runterziehen. Und sogar bei mir selbst kann eine Maßnahme an einem Tag hilfreich sein und am nächsten genau das Gegenteil bewirken.

Als mir kurz nach dem Unfall andere Betroffene ans Bett geschickt wurden, die mir erzählten, dass das Leben auch im Rollstuhl lebenswert ist und was ich nun unbedingt alles tun, lassen und empfinden sollte, hat mir das überhaupt

nicht geholfen – im Gegenteil, ich fühlte mich nach solchen Besuchen immer noch niedergeschlagener als vorher. Wie das Leben im Rollstuhl ist, musste ich zunächst einmal selbst herausfinden und mir nicht von jemand anderem schmackhaft machen lassen.

Dementsprechend bin ich immer sehr vorsichtig, wenn ich in Krankenhäuser eingeladen werde, um Frischverletzte zu besuchen. Ich begegne ihnen mit einer möglichst großen Zurückhaltung und mit möglichst wenig überstülpender Pseudo-Fröhlichkeit. Wenn jemand in diese Situation kommt, muss er zunächst selbst damit zurechtkommen, leider.

Es ist einfach absurd zu glauben, da könne jemand von außen kommen, der sagt: „So, Schalter umlegen, jetzt geht's wieder vorwärts!" Das funktioniert leider nicht.

Aber: Die Leute fragen nicht nur aus Neugier, sondern sind meist selbst von großen Schwierigkeiten oder extremen Herausforderungen betroffen. Und an der Häufigkeit und Dringlichkeit der Fragen merkt man, dass ein starkes Bedürfnis nach Antworten herrscht, die für viele überlebenswichtig zu sein scheinen.

Deshalb wollte ich mich unbedingt auf die Suche machen, um nicht nur mir selbst, sondern auch den vielen anderen Fragenden zumindest den Ansatz einer Antwort geben zu können. Doch erwartet den geneigten Leser hier nicht der x-te Ratgeber oder „Ratschläger", sondern eine Reise durch meine eigenen Erfahrungen und Fragen. Und da meines ein besonders intensives Erlebnis war und ich immer noch daran knabbere, habe ich auch umso intensiver versucht herauszufinden, wie ich damit umgehen kann.

Es wäre aber ziemlich langweilig und einseitig, nur über mich zu schreiben, schon allein, weil meine Umstände nun mal meine Umstände sind und mein Leid mein Leid ist – und deshalb auch mein Umgang damit und meine Lösungsansätze nicht zwangsläufig für andere gelten oder einfach so transferierbar sind.

Deshalb habe ich die Erfahrungen und Erkenntnisse anderer Leute aus der Vergangenheit und Gegenwart angezapft, die Wichtiges zum Thema beitragen können. Um vor allem auch aus dem wirklichen Leben zu lernen und zu erfahren, was Menschen in schweren Zeiten geholfen oder sie gar gerettet hat.

Um ein möglichst umfassendes Bild zu bekommen und vor allem auch reichhaltige Lösungsansätze zu finden, war ich unter anderem im Bundeskriminalamt und im Bildungsministerium, im Gefängnis und im Hospiz … Ich habe Glücksforscher, Hirnforscher, Ärzte, Mörder, Waisenkinder, Suizidgefährdete, Topmanager, Schauspieler, Künstler, Todkranke, Politiker, Holocaust-Überlebende und Gisela von nebenan einbezogen.

„Gisela von nebenan" steht für die vielen Menschen, deren Situation auf den ersten Blick oder oberflächlich betrachtet vielleicht nicht ganz so schlimm erscheint wie die von anderen. Doch das subjektive Leidempfinden von Menschen kann man nicht messen oder vergleichen, und die Ängste und Nöte von Gisela können genauso schmerzhaft sein wie die eines Todkranken oder eines Topmanagers, der Verantwortung für Hunderte Mitarbeiter hat. Ein scheinbar sinnloser Beziehungsstreit über Kleinigkeiten oder existenzielle Konflikte, bei denen es um Leben und Tod geht – wie die Betroffenen damit umgehen, sich erholen, neu finden, aufstehen und gestärkt weitermachen, läuft doch letztlich immer auf ähnliche Lösungsstrategien und Verhaltensmuster hinaus.

Abzüglich Theater- und Fernsehauftritten durfte ich in der letzten Zeit etwa 100 Veranstaltungen pro Jahr gestalten, bei denen ich mich im Nachgang noch unter die Zuschauer mischte. Dabei hat es sich für mich ritualisiert, zunächst den Gästen zu begegnen, die nicht so lange sitzen können, weil sie offensichtlich schon den Rest ihres Alltags sitzen müssen. (Also, liebe Rollstuhlfahrer, fahrt nicht immer gleich so schnell weg, nur weil ihr denkt, ihr seid kleiner und unscheinbarer als die anderen!) Um nicht allzu umständlich rechnen zu müssen, runde ich auf 10 sehr schnell intensiv werdende Unterhaltungen pro Veranstaltung ab; daraus ergeben sich in den letzten sieben Jahren, und das kann ich selbst kaum fassen, etwa 7.000 unterschiedlichste Gespräche. Mal habe ich einfach nur zugehört, mal Kontakte vermittelt, mal hitzig diskutiert, gelacht und gelitten und gelegentlich mit mir zunächst fremden Menschen gemeinsam geweint, wenn mir ihre Erzählungen und Geschichten an Herz und Nieren gingen.

Ich habe viele Eindrücke, Antworten und neue Fragen aus diesen Gesprächen mitgenommen. Und aus meinen Rückfragen, wie zum Beispiel Sophie den Tod der Mutter verarbeitet hat oder warum Harald glücklich ist, obwohl er nicht den idealen Job ergattert hat, ergab sich Gutes und Überraschendes.

Die Essenz all dieser Begegnungen steht teils im Einvernehmen, teils im Widerspruch zu den Lehren der Psychologie, Theologie sowie der Verhaltens-, Hirn- und Resilienz-Forschung. Die damit weniger theoretische, sondern vielmehr praxisnahe Grundlage des Nachstehenden kann vielleicht auf andere Lebenssituationen übertragen werden. Im Idealfall jedoch für alle, die möchten, ein wenig Inspiration bieten, die eigene Stehaufkraft zu finden, zu bündeln und zu leben.

TEIL 1: DAS KREUZ MIT DER RESILIENZ

Auf meiner Suche nach der Stehaufkraft begegnete mir bald ein Begriff, der in den letzten Jahren zu einer regelrechten Modeerscheinung geworden ist: Resilienz.

Aber wer oder was soll das überhaupt sein – Re-si-li-enz?

Eine seltene Erbkrankheit? Ein ins Deutsche übersetzter französischer Nachtisch? Eine Selbsthilfegruppe für faule Menschen?

Der Begriff Resilienz stammt vom lateinischen „resiliere", was „abprallen, nicht anhaften" bedeutet, und er wurde ursprünglich in Physik und Technik verwendet. Dort beschreibt Resilienz das Maß, in dem ein elastischer Stoff nach einer Deformierung wieder seine ursprüngliche Form annimmt.

Heute wird das Wort Resilienz eher im Zusammenhang mit der Fähigkeit verwendet, Probleme und Stressphasen zu bewältigen und unbeschadet zu überstehen. Es beschreibt die Widerstandsfähigkeit eines Menschen im Umgang mit Krisen. Sozusagen seine „Widerfährnisbewältigungskompetenz".

Es gibt jede Menge Forschungszweige und Fortbildungen zu dieser wundersamen Fähigkeit. Und natürlich gibt es auch ungefähr 187 Ratgeber auf dem Buchmarkt, aus denen willige Leser lernen sollen, wie man das nun macht mit der Resilienz.

Wenn es also einen eigens dafür eingeführten Begriff mit dazugehöriger Literatur und Bildungszweigen gibt, die lehren, wie man mit Schicksalsschlägen oder auch nur kleinen und großen Herausforderungen im Leben umgehen kann, dann scheint es naheliegend, wenn nicht gar logisch, dort nach Lösungen zu suchen.

Im berühmtesten, begehrtesten, fast für alle Welt zugänglichen „Kreis des Wissens" der freien Enzyklopädie Wikipedia findet man nach Eingabe des Begriffs „Resilienz" (Stand Juni 2018) zuallererst folgendes (lustiges) Kästchen:

> Dieser Artikel oder Abschnitt bedarf einer Überarbeitung. *Näheres ist auf der Diskussionsseite angegeben: Der Artikel stellt unterschiedslos Forschung nebeneinander, ohne jeweils zu erklären, um was für „Resilienz" es denn da gerade geht. Als wolle man (streng wissenschaftlich belegt) auflisten, was einem alles beim Radfahren hilft - ohne zu klären, ob es gerade um Schnelligkeit, Regenschutz, Erfüllung der Straßenverkehrsregeln, um weniger schweißtreibendes Radeln o. Ä. geht. Laut einer Harvard-Studie sind übrigens auch Stützräder sehr hilfreich …*

Wikipedia hin oder her – dass man als Erstes auf so einen Diskussionsbeitrag stößt, ist schon bezeichnend für die Verworrenheit dieses unausgegorenen Themas.

Die Definition des Begriffs ist noch verhältnismäßig einfach – aber wie man resilient wird oder gar bleibt, das steht meist auf einem anderen Blatt. (Beziehungsweise steht es leider oft nicht auf den Blättern, in denen man so vieles zum Thema lesen kann.)

Ob im Profisport, Kindergarten oder Wirtschaftsunternehmen, alle wollen Resilienz bei sich selbst und vor allem bei ihren Schützlingen, Klienten und Mitarbeitern. Dazu gibt es unzählige Tutorials, Workshops, Seminare, sogar Trainingseinheiten, die mehr Resilienz anbieten (als einem lieb ist).

Einig sind sich (fast) alle darin, dass bestimmte Faktoren zur Resilienz dazugehören. Die „Grundpfeiler" der Resilienz, die sich in den meisten Publikationen zum Thema wiederfinden, bestehen aus mehr oder weniger denselben Elementen, Faktoren oder Eigenschaften – mal sind es fünf, mal sieben oder acht, aber im Grundsatz sind sie alle ähnlich. Daher hier mal als Beispiel:

DIE SIEBEN SÄULEN DER RESILIENZ
Optimistische Sichtweise
Akzeptanz der Situation
Neue Netzwerke aufbauen
Lösungsorientierung
Verlassen der Opferrolle
Selbstwirksamkeitsüberzeugung
Zukunft planen und gestalten

So weit klingt das ja alles recht vernünftig. Klar, eine positive Grundhaltung ist immer gut. Den Ist-Zustand zu akzeptieren, statt in der Vergangenheit zu verharren – logisch. (Jeder weiß schließlich: Das-Glas-ist-halb-voll-carpe-diem-glaub-an-dich-und-lebe-deinen-Traum-aufstehen-Kopf-hoch-Krone-richten-weitermachen-blablabla ☺) Doch obwohl all diese Dinge nicht falsch klingen, scheinen sie mir irgendwie haarscharf, aber präzise am eigentlichen Problem beziehungsweise Ziel vorbeizugehen und nur die Oberfläche zu polieren.

Vielleicht kann das etwas bringen, wenn man von kleineren Problemchen im Leben spricht. Anfangs beschrieb der Begriff Resilienz allerdings noch die Bewältigung extremer Schwierigkeiten und traumatischer Erfahrungen. Doch nach und nach wurde er immer mehr auch auf den Umgang mit eher normalen Alltagsherausforderungen angewendet. Und da mag es tatsächlich helfen, wenn man ein paar Handlungsanweisungen und Tipps bekommt. Wenn es um eine verpatzte Klassenarbeit und die drohende Gefahr des Sitzenbleibens geht, kann man das womöglich mittels Selbstmanipulation und „Tschakka"-Parolen in den Griff kriegen. Und selbst wenn man im schlimmsten Fall nicht versetzt wird, ist das auch nicht das Ende der Welt.

Aber: Ein Motivationstief ist nun mal nicht mit einer tiefen, dauerhaften und nicht veränderbaren Krise zu vergleichen. Wer mit chronischen Krankheiten, schweren Behinderungen, dem Tod eines nahen Angehörigen oder traumatischen Erlebnissen kämpft, kann mit Durchhalteparolen und positiver Selbstmanipulation nicht viel anfangen.

Ratschläge wie „Du musst es nur wollen" oder „Du musst nur dran glauben" sind in dieser Situation mehr Schlag als Rat.

Wie jemand mit Leid, Krankheit, Ungerechtigkeit und Tod umgeht, das lässt sich nicht kategorisieren und der Machbarkeit unterwerfen, sodass dann die „richtige" innere Einstellung oder bestimmte Faktoren das Überstehen leidvoller Situationen sicherstellen, wie eine Art Rezept, das immer funktioniert.

Durch die Ausweitung wurde der Begriff zudem immer schwammiger, und immer mehr Forschungsbereiche, Bewältigungsansätze und Phänomene werden mit in den großen Topf geworfen. Positives Denken, Selbstorganisation, Selbstwertgefühl und Lebensführung plätschern da neben Hochsensibilität, Depressionen, Burnout, Antriebsschwäche, Sozialverhalten, Glück, Gesundheitsvorsorge, Traumabewältigung und sogar der Integration von Migranten[1] herum. Und irgendwie haben die ja auch alle etwas miteinander und mit dem Thema Resilienz zu tun. Nur, was eigentlich genau und wer blickt da noch durch?

Von innen nach außen

Eine entscheidende Frage ist: Kann man tatsächlich innere Widerstandskraft gegen hochgradige Schwierigkeiten aus einem Ratgeber lernen? Wie soll das funktionieren?

Die Resilienzforschung geht in weiten Teilen so an die Sache heran, dass sie Studien an besonders widerstandsfähigen Menschen betreibt und daraus Handlungsanweisungen abzuleiten versucht: „Max Mustermann hat es so gemacht, und nun musst du es genauso machen, um ‚Erfolg' zu haben."

Was mir persönlich weiterhilft, ist, mir die Erfahrungen anderer Menschen anzuhören und mich von ihren Lösungswegen dazu inspirieren zu lassen, mir meine eigenen zu suchen. Was etwas anderes ist als die Ratgeber-Herangehensweise, auch wenn es im ersten Moment sehr ähnlich klingt. Aber der entscheidende Unterschied ist:

Der Ratgeber versucht, Menschen von außen nach innen zu beeinflussen. Und die Inspiration funktioniert genau andersherum: Sie kommt von innen heraus und verändert das Äußere.

Um mich inspirieren zu lassen, suche ich mir Menschen, die aus unguten Situationen etwas Gutes gemacht haben. Mal angenommen, dass der Inspirationsschatz umso wertvoller wird, je extremer das zu bewältigende Problem war – dann liegt es in unserer jüngeren deutschen Geschichte nahe, sich das in seinem Ausmaß schlimmste Beispiel anzuschauen, das es bei uns jemals gegeben hat. Es liegt mehr als 70 Jahre zurück, ist aber vielen von uns noch präsent, und die Auswirkungen sind bis heute zu spüren. Auch für mich als nicht direkt Betroffenen. Nach nur einer Stunde in der israelischen Holocaust-Gedenkstätte Yad Vashem verspürte ich Bauchschmerzen, Scham und Grauen angesichts der plastischen Erinnerung an die unaussprechlichen Grausamkeiten, die den Juden und anderen Minderheiten in unserem Land angetan worden waren. Millionen von Menschen wurden hingerichtet und abgeschlachtet – aber was ist mit den Überlebenden?

Wie konnten sie diese schrecklichen Erfahrungen verarbeiten, weiterleben oder gar wieder einen Sinn in ihrem Leben finden? Was ist passiert, dass die Einwohner Israels uns mit unseren deutschen Pässen besonders freundlich lächelnd begegneten und durch die Passkontrolle winkten?

Israel kann man subjektiv natürlich doof finden. Aber objektiv gesehen scheinen die Juden die Resilienz-Experten schlechthin zu sein. Weil sie schon seit jeher ununterbrochen im Krieg leben, durch Wüsten irren, versklavt, zerstreut, verfolgt und angefeindet werden und damit klarkommen müssen … und trotzdem (oder gerade deshalb?) zu einem der am höchsten entwickelten Völker der Welt geworden sind? Oder was hat es damit auf sich?

Wenn es für die ganz harten Fragen Antworten gibt – wenn Juden sogar während und nach dem Holocaust für sich Antworten gefunden haben auf die große Frage „Wozu das alles? Warum weitermachen?", dann könnten diese doch auch für die kleinen gelten.

Wenn jemand eine schmerzhafte Erfahrung in etwas Positives umwandeln kann, lohnt es sich meiner Erfahrung nach immer, gut hinzuhören.

Durch Israel kurvend kreuzt man auffällig oft „Viktor-Frankl-Straßen", fährt an „Viktor-Frankl-Schulen" vorbei oder steht vor Viktor-Frankl-Denkmälern. Frankl war ein österreichisch-jüdischer Psychiater, der in der Nazizeit mit seiner gesamten Familie ins KZ verschleppt wurde. Er musste mit ansehen, wie seine Eltern, sein Bruder und seine junge Ehefrau weggeschleppt und umgebracht wurden; er selbst überlebte.

Nicht nur irgendwie. Er ist nicht an diesem Leid zerbrochen, sondern beobachtete schon im KZ intensiv den Umgang seiner Mitinsassen mit dieser extremen Erfahrung und begründete nach seiner Befreiung eine einzigartige Therapieform, die Logotherapie. Dazu später mehr.

Frankl hat nie das Wort Resilienz benutzt, aber er hat sie im Grunde schon im KZ erforscht – er nannte sie die „Trotzmacht des Geistes".

„Fraglos sind große Schnittmengen zwischen der Resilienz und der ‚Trotzmacht des Geistes' auszumachen, der Weg und das Ziel der Leidbewältigung sind in beiden Fällen aber unterschiedlich. Resilienz betrachtet Frankl nicht als Ziel, sondern als Nebenprodukt einer bedingungslosen Sinnoffenheit. (…) Demgegenüber steht in der Resilienzforschung mitunter das Bestreben, jene Faktoren zu isolieren, die üblicherweise Menschen dazu verhelfen können, resilient zu sein. Oft wird dabei übersehen, dass gerade angesichts von Leid und seiner Bewältigung alles Denken in der Kategorie des ‚üblicherweise' Hilfreichen auf eine je einzigartige Person in einer je einmaligen Situation – und damit an seine Grenzen – stößt. Sobald man mit konkretem Leid konfrontiert ist, wird es aber nötig, das eigene Erleben, Entscheiden, Handeln und Helfen nicht nur auf bekannte Tatsachen auszurichten, sondern auf noch unentdeckte Möglichkeiten zu lenken, die erst in der prekären Situation darauf warten, verwirklicht zu werden. Frankls Modell versucht, die Würde des Menschen vor dem Zugriff des Leidens zu bewahren, und aktiviert gleichsam als Nebeneffekt zahlreiche der Faktoren, welche die zeitgenössische Forschung als Resilienzvariablen entdeckt und festgeschrieben hat."[2]

Die Bewegungsrichtung geht also auch bei Frankl von innen nach außen – nie andersherum. Die „Inneneinrichtung" wirft aber gleich das nächste Fragezeichen auf.

Resilienz als Egotrip

Ein Grundproblem vieler Ratgeber zu Resilienz ist folgendes: Es geht darin immer um Selbstoptimierung. Um mich, mich und mich. Was *mir* gut tut, wer *mir* nützlich ist, was *ich* brauche, fühle, will ... Viele der verwendeten Grundsätze, Ansätze und Begriffe sind nur auf mich bezogen und gehen nicht über meinen Horizont, mein Leben, meine Vorstellungskraft hinaus.

Im Grunde sind die „Sieben Säulen der Resilienz" eine Bedienungsanleitung für einen großen Egotrip. Doch nach meiner Wahrnehmung ist es leider so: Wer sich immer nur um sich selbst dreht, kommt nirgendwohin. Und wer wie wild danach strebt, glücklich und resilient zu werden, betont nur, wie wenig er es ist. Wenn ich mir ein Buch darüber kaufe, wie man resilient und glücklich wird, beweise ich mir eigentlich nur, dass ich es selbst nicht schaffe.

Einer der „Stehauf-Faktoren", die Viktor Frankl bei den KZ-Insassen entdeckte, war die Fähigkeit zu Selbsttranszendenz – also die Fähigkeit, die Existenz von etwas Größerem als mich selbst anzuerkennen, etwas, was über mich hinausweist. Eine Welt, in der ein Mensch sich auch für das Gute entscheiden kann, wo er Nein sagen kann zu Dingen, die ihn blockieren oder ihm schwer fallen. In einem Mangel an Selbsttranszendenz sah Viktor Frankl ein Hauptübel unserer Zeit. Er hielt seine Patienten dazu an, nicht die Frage zu stellen: „Was will ich vom Leben?", sondern ihre Umkehrung: „Was will das Leben von mir?"

Der Wunsch, mein kleines Leben noch ein bisschen schöner, besser und resilienter zu machen, wäre als Antriebsfeder und Kraftquelle für mich definitiv nicht mal ansatzweise stark genug.

Das Wichtigste beziehungsweise das Einzige, das mir nachhaltig Kraft gibt, mich antreibt, motiviert, immer wieder aufstehen lässt... ist eben genau das, was über mich hinausweist. Ich brauche als Antriebskraft etwas, das größer und wichtiger ist als ich selbst.

Frankl schreibt dazu, auch ganz entzückend, aber ähnlich: „Ich kann in der Überwindung meines eigenen Minderwertigkeitsgefühls und in der Aufrechterhaltung meines eigenen Selbstwertgefühls mit dem besten Willen nichts sehen, das meinem Leben einen Sinn zu geben vermöchte, der über mich selbst hinausreicht."[3]

Mutter Teresa, die Selbsttranszendenz par excellence lebte, hatte sicher keine Probleme mit der Resilienz. Vermutlich hat sie sich auch nie Gedanken um ihre Work-Life-Balance gemacht oder sich gefragt, ob sie ein genügend auffangsicheres soziales Netzwerk hat, oder sich morgens vor dem Spiegel optimistische Parolen aufgesagt, um ihre Selbstwirksamkeit zu erhöhen.

Frankl erklärte die Lücken der Selbstoptimierung an zwei treffenden Beispielen, nämlich einmal dem des Auges, das nur dann richtig funktioniert, wenn es nicht sich selbst sehen kann (wenn es sich selbst sehen könnte, wäre es kaputt): „ (...) genauso ist der Mensch ganz Mensch und ganz er selbst in dem Maße, in dem er in der Hingabe an eine Aufgabe oder an einen Mitmenschen sich selbst übersieht und vergisst. Demgegenüber läuft das pseudohumanistisch-psychologische Gerede von der ‚Selbstverwirklichung‘ auf eine glatte Irreführung hinaus – Selbstverwirklichung ist nicht auf direktem Weg intendierbar, sondern stellt sich immer nur als unbeabsichtigte Nebenwirkung von Selbsttranszendenz ein."[4]

Er prägte auch den Satz: Selbstverwirklichung kann man nicht er-zielen, sie muss er-folgen.[5]

Das zweite Beispiel ist der Bumerang, dem laut Frankl Menschen gleichen, die sich selbst verwirklichen wollen. Wenn man einen Bumerang wirft und er fliegt zu einem zurück, freut man sich – dabei kommt er in seiner ursprünglichen Anwendung nur dann zurück, wenn er das Ziel *nicht* getroffen hat.

An diesem Ansatz scheint was dran zu sein, denn auch schon vor 2.000 Jahren wurde er ganz ähnlich formuliert und sein hoher Stellenwert unterstrichen, indem er gleich sechsmal in fast identischem Wortlaut in der Bibel

festgehalten wurde: „*Wer sein Leben findet, der wird's verlie-*
ren; und wer sein Leben verliert um meinetwillen, der wird's
finden."[6]

Symptombekämpfung statt Wurzelbehandlung

Viele Empfehlungen und Ratschläge für mehr Resilienz im
Leben klingen für meine Ohren verdächtig nach Symptom-
bekämpfung. „Du kannst dich aus einem Tief nicht richtig
aufrappeln, weil du die Dinge zu pessimistisch siehst? Nun,
eigne dir eine positivere Sichtweise an, und es geht wieder
aufwärts! Du hast nicht genug Freunde? Bau dir ein soziales
Netzwerk auf, das dich im Notfall stützt."

Das funktioniert natürlich nicht so einfach. Und noch
wichtiger: Manche Strategien, die in einer bestimmten
Situation Resilienz fördern, können in anderen eher hinder-
lich für die Entwicklung sein. Und Anpassungsleistungen,
die zunächst nach beeindruckender Resilienz aussehen, sind
mit Selbstberuhigungs-, Vermeidungs- und Verdrängungs-
strategien erreicht worden, die letztlich zu mehr Leid führen.

Dass grundsätzlicher Pessimismus, mangelnde Antriebskraft oder tief sitzende Ängste eigentlich nur Symptome viel
tiefer gehender Probleme sind, deren Wurzeln aber ganz
woanders liegen, kommt oft viel zu kurz. Und entsprechend
flach ist dann auch die Ratschlag-Kurve … und der höchstens

temporäre Erfolg, den diese bewirken. Beziehungsweise bewirken sie gar nichts, sondern richten im Gegenteil großen Schaden an.

Ich habe vor einigen Monaten einen Topmanager getroffen, der gerade aufgrund von Umstrukturierungen in seiner Firma ein bisschen degradiert worden war. Er musste nun keineswegs einen niederen Job machen oder am Hungertuch nagen, sondern war nur in der Hierarchie eine halbe Stufe heruntergenötigt worden. Der Mann schien selbst überrascht davon, wie sehr ihn das fertigmachte. Er konnte an nichts anderes mehr denken und war total aus der Bahn geworfen. Ein anderer aus der Manager-Liga berichtete mir, dass er vor einigen Jahren an Krebs erkrankt war, dass ihn diese Diagnose aber wesentlich weniger heruntergezogen habe als der aktuelle Verlust seines Jobs.

Würde es diesen beiden Männern langfristig wirklich helfen, wenn sie sich jetzt durch ein Resilienz-Seminar arbeiten und sich bessere Widerstandstricks aneignen würden? Entscheidender wäre doch die Frage, warum den beiden ihr beruflicher Erfolg anscheinend wichtiger war als alles andere.

Ein weiterer wichtiger Punkt: Wenn es bei der Resilienz darum geht, nach einem Schlag möglichst rasch wieder auf sein „normales" Funktionslevel zurückzukommen – wäre es dann nicht wichtig, auch zu berücksichtigen, was überhaupt das vorherige Level war? Denn bringt es wirklich weiter, wenn ein Mensch, der depressiv ist, nach einer besonders harten Zeit wieder auf den früheren Stand der Depression zurückfindet?

Und wenn wir schon dabei sind: Ist ein Mitarbeiter, der wegen Depressionen oder Burnout ausfällt, nicht resilient genug gewesen ... oder ist es andersherum? Hätte man diese Entwicklung mit den „Sieben Resilienzfaktoren" rechtzeitig abwenden können, oder ist der Mitarbeiter aus ganz anderen Gründen ausgebrannt, die er erst erkennen kann, wenn er sich nicht mehr mit Arbeit und Ablenkung betäuben kann?

Kritiker der Resilienz-Bewegung bemängeln, dass man unter Umständen ein tiefer liegendes Problem sogar noch verschärft, indem man die Widerstandskraft der betroffenen Personen stärkt, aber das Übel nicht an der Wurzel packt. Erfolgreiche Resilienzförderprogramme führen also im blödesten Fall dazu, dass man die Belastungen selbst nicht mehr verändern oder sich dagegen auflehnen will.

Nehmen wir an, ein Mitarbeiterteam leidet unter der cholerischen Art des Vorgesetzten oder unter einer schlechten Arbeitsstruktur. Wenn die Mitarbeiter nun zu mehr Resilienz angeleitet werden, kommen sie möglicherweise tatsächlich besser mit der schwierigen Ausgangslage zurecht – aber dadurch wird die Notwendigkeit, etwas an den Strukturen zu

verändern oder die Führungsqualitäten des Chefs zu verbessern, nicht nur nicht gelöst, sondern sogar noch gefestigt, da ja die Mitarbeiter dennoch „funktionieren".[7]

Dazu passen auch die schon erwähnten Werbeflyer für Resilienz-Trainings, bei denen man nur mal auf die Wortwahl achten muss, um zu wissen, worauf sie abzielen.

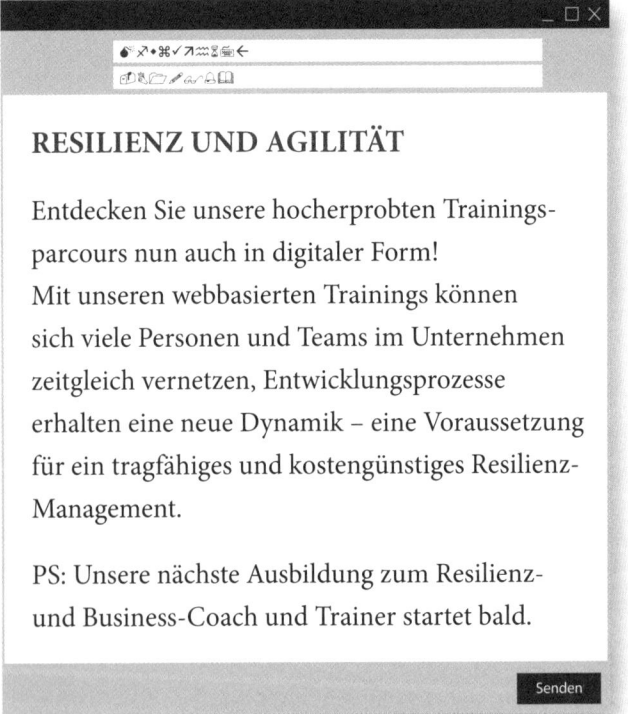

RESILIENZ UND AGILITÄT

Entdecken Sie unsere hocherprobten Trainings-parcours nun auch in digitaler Form!
Mit unseren webbasierten Trainings können sich viele Personen und Teams im Unternehmen zeitgleich vernetzen, Entwicklungsprozesse erhalten eine neue Dynamik – eine Voraussetzung für ein tragfähiges und kostengünstiges Resilienz-Management.

PS: Unsere nächste Ausbildung zum Resilienz- und Business-Coach und Trainer startet bald.

Senden

In unserem Seminar **„Erfolgsfaktor Resilienz"**
lernen Sie, wie Sie Schritt für Schritt eine indivi-
duelle Strategie zur Stressvorbeugung entwickeln
und Ihre Selbstwirksamkeit nachhaltig steigern.

NUTZEN SIE DIE VORTEILE UNSERER DIGITALEN LERNPARCOURS!

- Optimale Kombination, Vernetzung und Vertiefung mit den Inhalten aus den Präsenzseminaren
- Flexibilität und Selbstbestimmtheit durch zeit- und ortsunabhängiges Lernen
- Höhere Anwendungssicherheit durch wiederkehrende Lernschleifen
- Die Einstiegstiefe (niederschwellig bis intensiv) ist individuell wählbar

Senden

Ein anderes Beispiel: Kinder, die mit dem derzeitigen Schulsystem nicht klarkommen, lernen sich vielleicht durch die Resilienz-Trainings, die inzwischen auch an Schulen angeboten werden, tatsächlich besser anzupassen und mit dem Leidensdruck klarzukommen – das verlagert aber auch nur das Grundproblem. Denn eigentlich haben sie dadurch eben nur gelernt, sich besser anzupassen. Sie wurden zum Objekt der Ziele und Erwartungen anderer gemacht. Vielleicht müsste man aber am System etwas ändern.

Akut hilfreich sind vermutlich auch die Resilienz-Trainings der Bundeswehr[8] und der US-Streitkräfte – und stellen trotzdem den traurigen Tiefpunkt dieser Auflistung dar. Denn dabei lernen Soldaten, wie sie mit den eigentlich unerträglichen moralischen Belastungen des Tötens, mit Schuldgefühlen und Traumata besser klarkommen – wie sie abgestumpfter werden. Dass es besser wäre, es gäbe keine Kriege und keiner müsste hin, steht, denke ich, außer Frage.

Was ist das Huhn und was das Ei?

Die Forschung hat ergeben, dass Kinder mit einer hohen Resilienz schon früh eine gewisse Hilfsbereitschaft aufweisen, gerne Probleme lösen und in der Lage sind, eine realistische Weltsicht zu entwickeln. Auch schreibt man resilienten

Menschen eine hohe Kommunikationsbereitschaft zu sowie Humor.

Tja, wie schön.

Aber: Sind diese resilienten Menschen von Natur aus hilfsbereit und humorvoll – oder werden sie resilient, weil sie alles nicht zu ernst nehmen und sich viel mit anderen Menschen austauschen? Was ist das Huhn und was das Ei?

Diese Unklarheit im Hinblick auf Ursache und Wirkung zieht sich durch alle Beiträge zur Resilienz, die ich gelesen habe.

Bleiben wir erst mal bei der Frage, was Kinder resilient macht: Kinder entwickeln mehr Widerstandskraft gegen die Unbilden des Lebens, wenn sie in einer unterstützenden, liebevollen Familie aufwachsen, heißt die Erkenntnis mancher Untersuchungen. Doch dann gibt es da die berühmte Kauai-Studie[9]. Die Entwicklungspsychologin Emmy Werner begann 1955 eine Langzeitstudie auf der hawaiianischen Insel Kauai und beobachtete über 32 Jahre hinweg 698 Kinder von der Geburt bis ins Erwachsenenalter, darunter 201 Kinder mit psychisch kranken, verarmten Eltern und anderen schwierigen Umständen. 72 dieser Kinder aus katastrophalem sozialem Umfeld wurden zu widerstandsfähigen, lebenstüchtigen Erwachsenen[10].

Bei vielen Kindern aus gut gestellten Mittelschichtsfamilien ist Resilienz dagegen Mangelware. Viele von ihnen leiden trotz ihrer privilegierten Lebensumstände an Ängsten und Antriebshemmungen und sind unglücklich.

Erst neulich durfte ich das interkulturelle Musiktheaterstück „Abraham" gemeinsam mit Kindern und Mitarbeitern eines Kinderheims auf die Bühne bringen. Und zu meiner Überraschung waren das nicht nur Kinder, die verwaist waren oder deren Eltern schlimme Dinge taten, sondern auch solche, deren wohlsituierte Eltern mit der Erziehung überfordert waren und ihre Kinder ins Heim abschoben.

Wendy Mogel, die zwei Bücher zur Resilienzerziehung schrieb, hält hingegen Überbehütung gepaart mit unzureichender Wertevermittlung für die größten Stolpersteine bei der Vermittlung von Resilienz.[11] In manchen Studien erschienen Einzelkinder als resilienter, andere belegen, dass Kinder mit mehreren Geschwistern widerstandfähiger sind[12]. Kluge Kinder seien resilienter, heißt es hier; allzu große Intelligenz sei eher ein Hemmschuh, meint man woanders. Es gibt Resilienz-Forscher, die davon ausgehen, dass Kinder überhaupt erst durch Schwierigkeiten und deren erfolgreiche Überwindung resilient werden[13]. Aber eben auch nicht alle, sondern nur manche – andere zerbrechen daran.

Möglicherweise gibt es bestimmte Gene, die eine erhöhte Resilienz begünstigen. Bereits in den 90er-Jahren des letzten Jahrhunderts fanden Molekulargenetiker tatsächlich einen Erbfaktor namens 5-HTTLPR. Dieses Gen reguliert den Serotoninstoffwechsel im Gehirn. Serotonin hat neben einer ganzen Reihe von anderen wichtigen Aufgaben große Auswirkungen auf unsere Stimmungen. Es gibt uns das Gefühl der Gelassenheit, inneren Ruhe und Zufriedenheit, dämpft Angstgefühle, Aggressivität, Kummer und sogar das Hungergefühl. Depressionen lassen sich oft auf einen Mangel an Serotonin zurückführen. Deshalb wird es im Volksmund oft als „Glückshormon" bezeichnet. Wenn genetisch bedingt zu wenig Serotonin im Körper kursiert, hat das also dramatische Auswirkungen auch auf die Resilienz.

Die DNA eines Menschen, so weiß man inzwischen, verändert sich aber auch im Laufe des Lebens durch Erfahrungen, Traumata und den Erwerb von Fertigkeiten. Das nennt man Epigenetik.

Was also von den so wichtigen Resilienzfaktoren ist den Menschen einfach gegeben und was kann man beeinflussen? Und wenn ja, wie?

Im Grunde werfen die interessanten Studien immer neue Fragen auf, da sie sich teilweise selbst zu widersprechen scheinen und sich irgendwie keine klare Linie aus dem Wust der halbgaren Erkenntnisse und Ansätze herauskristallisieren lässt.

Ehrlicherweise müsste man all diese spannenden Forschungsergebnisse und Erklärungsansätze mit einem Satz zusammenfassen: „Nix Genaues weiß man nicht." Oder „Es kommt immer drauf an …"

Das macht auch die daraus erwachsenen Empfehlungen für meine Begriffe schwierig bis sinnlos. Eigentlich ist es echt mutig, zu einem halb erforschten Thema einen (bzw. Dutzende) Ratgeber zu schreiben, aus denen der lernwillige Leser nun erfahren soll, wie das geht mit der Resilienz.

Und so kommt es dann wohl auch, dass sich viele der Tipps für mich ungefähr so lesen: „Resiliente Menschen zeichnen sich Studien zufolge durch eine positive Weltsicht aus. Wenn Sie resilienter werden wollen, müssen Sie also an Ihrer optimistischen Lebenseinstellung arbeiten." Wenn man das ein bisschen eindampft, besagt es im Grunde doch:

„Wenn du resilienter sein willst, werde resilienter!" Und irgendwie reicht meine Vorstellungkraft nicht aus, um zu sehen, wie das gehen soll.

Und das ist ja auch ganz richtig so. Denn auf die wirklich harten Fragen gibt es nun mal keine weichen Antworten. Ganz im Gegenteil ist es doch in Wahrheit so: Das ganze Leben ist kein zu lösendes Problem, sondern ein zu managender Zustand, in dem ein Problem auf das andere folgt. Deshalb glaube ich: Es gibt kein Rezept dafür, wie man resilient wird. Genauso, wie es keines dafür gibt, wie man glücklich wird.

Kommt man nun also einfach mit gewissen Grundvoraussetzungen auf die Welt und hat halt im DNA-Lotto Glück (oder Pech) gehabt? Kann man seinen Charakter, seine Eigenschaften und seine Art ändern, mit schwierigen Herausforderungen umzugehen? Und wenn ja, wie? Und wie kann man unterscheiden, ob man sich gerade selbst bescheißt oder wirklich in einer guten Richtung unterwegs ist?

Ein Gespräch mit Hirnforscher Gerald Hüther

Je mehr ich mich mit dem Thema Resilienz beschäftige und je mehr ich recherchiere und Antworten entdeckt zu haben glaube, desto mehr Fragen tauchen auf. Zum Glück habe ich jemanden gefunden, der menschliches Verhalten, Denken und Tun schon seit Jahrzehnten studiert und erforscht: Professor Doktor Gerald Hüther, der praktischerweise Hirnforscher ist. Nachdem ich mich einige Male mit ihm unterhalten durfte, war mir klar: Der ist ein wirklich „volles Fass", dessen riesiger Wissensschatz nicht nur die Hirnforschung umfasst, sondern auch weit über deren Tellerrand hinausgeht. Daher bin ich sehr dankbar, dass ich für dieses Buch immer wieder auf seinen Rat zurückgreifen konnte. (Übrigens hat er eine ganze Reihe von Bestsellern über sein spannendes Forschungsgebiet geschrieben, deren Lektüre ich an dieser Stelle wärmstens empfehle. Im Anhang findet sich eine Auflistung).

Gerald Hüther hat mir das Huhn-und-Ei-Problem folgendermaßen erklärt – jedenfalls so, wie ich es laienhaft wiederzugeben versuche; etwaige Falschaussagen gehen auf meine Kappe:

Resilient ist man nicht, sondern das wird man erst durch die Erfahrungen, die jeder Mensch im Lauf seines Lebens macht. Und das beginnt bereits vor der Geburt. Die ersten

Erfahrungen, die im Gehirn verankert werden und zur Herausbildung erster grundlegender Nervenzellvernetzungen führen, macht das Gehirn des ungeborenen Kindes in der Beziehung zum eigenen Körper. Das Hirn lernt sozusagen im Uterus, dass ihm ein Körper anhängt, und es lernt, die von dort ankommenden Signale zu verarbeiten. Es gibt durchaus Kinder, die schon im Mutterleib eine gewisse „Dünnhäutigkeit" aufweisen und somit zum Beispiel Umweltreize stärker wahrnehmen als andere. Und auf diese sensiblere Wahrnehmung hin bildet das Gehirn entsprechende Nervenbahnen aus. Das ist der Ansatz zur Hochsensibilität.

Es ist also wirklich so, dass einige von unseren Gehirneigenschaften durch die genetisch bedingten Merkmale unseres Körpers vorgegeben sind. Andere erwachsen aus unseren Erfahrungen und Erlebnissen, die immer mit anderen Menschen zusammenhängen, durch deren Vorbild und Hilfe wir erst zu Menschen werden. Stehauf-Fähigkeiten werden im Laufe des Lebens erworben, durch Erfahrung, Nachahmen, Scheitern… Es ist eigentlich egal, wie genau man sie erlernt hat – das Wichtige ist, man *kann* sie erwerben und verändern.

Es gibt ganz verschiedene Arten und Bereiche von Resilienz, und nicht jeder Mensch ist in allen Bereichen gleich stark.

Im Bundeskriminalamt lernte ich einen Verfassungsschützer kennen, der Experte für organisierte Kriminaliät war, bestens geschult im Umgang mit religiös motiviertem Terrorismus und perfekt darin, Gefahren zu erkennen und Probleme zu lösen, bevor sie internationale Dimensionen annehmen. Also jemand, dem man eine hohe Resilienz bescheinigen würde. Er erzählte mir von der Beziehungskrise mit seiner Freundin, die Depressionen und andere schlimme Gedanken hatte, und wie sehr es ihn selbst runterzog, dass er ihr nicht helfen konnte. Ein so hoch ausgebildeter und für alle möglichen und unmöglichen Ausnahme-Stresssituationen trainierter Mann befragt mich Wurm zu seinen Beziehungsproblemen, weil er scheinbar nicht recht damit umzugehen weiß.

Mir sagt man nach, dass ich mit Stresssituationen überraschend gelassen umgehe, während ich auf der anderen Seite überhaupt nicht damit klarkomme, wenn mein ach so hochverehrtes Harmoniebedürfnis durch Konflikte gestört wird.

Resilienz ist eben nicht gleich Resilienz.

Auch eineiige Zwillinge entwickeln sich nach der Geburt unterschiedlich, also kann die Charakterbildung nicht nur genetisch bedingt sein. „Determinismus", also die Idee, dass das ganze Wesen, die Genetik und der Charakter eines Menschen schon im Vorhinein festgelegt ist, war früher ein wissenschaftlicher Erklärungsansatz – in Wirklichkeit liegt die Entwicklung eines Menschen aber immer in seiner eigenen Verantwortung. Man kann nichts dafür, was einem durch Gene und Umfeld mitgegeben wurde, aber man ist dennoch dafür verantwortlich, wie man damit umgeht und wie man auf das reagiert, was einem im Leben widerfährt.

Feuerwerk im Kopf

Wie das im Einzelnen abläuft, hat mir Gerald Hüther folgendermaßen hergeleitet:

Man kann sich das Hirn ein bisschen wie eine Zwiebel vorstellen; das Stammhirn liegt dabei ganz innen. Oder wie ein Gebäude mit mehreren Stockwerken und das Stammhirn ist der „Keller" – das Fundament.

Wenn man mit einer extremen Herausforderung konfrontiert wird, zum Beispiel – mal ganz abstrakt gesprochen ☺ – einem schweren Unfall mit langfristigen Folgen, prallen im Hirn zwei gegensätzliche Muster aufeinander: Die „Exekutive", das Frontalhirn ganz oben, ist der Ort, wo unsere Entscheidungsprozesse, Vorstellungen, Erwartungen und Ähnliches ablaufen. Bei einer Extremsituation kommt das Frontalhirn durcheinander, weil die Erwartungshaltung auf das Unerwartete prallt. Das, was dann im oberen Stockwerk passiert, nennt man „Arousal": ein unproduktiver Erregungszustand. Sozusagen ein Neuronenfeuerwerk, in dem kein handlungsleitendes Muster mehr entstehen kann.

Dann wird ein darunterliegender Bereich aktiviert, der weniger durcheinandergeraten kann – man fällt quasi ein Stockwerk tiefer. Wenn es dort schon Verhaltensmuster und Bewältigungsstrategien für ein solches Problem gibt, die durch frühere Erfahrungen gewachsen sind, kann es sein, dass man in einem dieser „Netze" hängen bleibt. Verschiedene Menschen haben dabei unterschiedliche „Querbalken" oder „Auffangnetze". Darum ist es gut, wenn man im Leben möglichst früh möglichst unterschiedliche Probleme zu bewältigen gelernt hat. Denn Strategie A funktioniert nicht automatisch auch für Problem B.

Wenn ein Mensch noch nie größere Probleme bewältigt hat, hat er weniger „Auffangmuster". Dann passiert es, dass man direkt ein paar Stockwerke tiefer rutscht und in Kindheitsmuster zurückfällt: brüllen, Türen schlagen, wegrennen.

Und wenn man damit auch nichts ausrichten kann, greift ein archaisches Notfallprogramm im Hirnstamm. Dann gibt es nur noch die instinktiven Reaktionsmuster: Angriff, Flucht oder ohnmächtige Erstarrung.

Inkohärenz nennt man diesen Zustand, wenn man das Gefühl hat: „Es passt nichts mehr – ich kann das nicht

bewältigen, es überfordert mich, ich weiß keinen Ausweg." Dieses „Kreuzfeuer im Gehirn" verbraucht sehr viel Energie.

Das Gegenteil davon – also das Gefühl, dass alles passt, alles im Gleichgewicht ist, man alles so weit bewältigen und einordnen kann – heißt Kohärenz. Das ist der Idealzustand, er verbraucht am wenigsten Energie, da will man hin. Das ist es auch, was man „Glück" nennt – den Zustand gibt es aber im wahren Leben nicht. Zumindest nicht dauerhaft, sondern nur als Momentaufnahme.

In einem Zustand totaler Inkohärenz kann man nichts mehr lernen und sich nicht weiterentwickeln – aber in einem Zustand totaler Kohärenz, auch als „Friede, Freude, Eierkuchen" bekannt, würde das auch nicht gehen. Wer nicht ständig mit neuen Herausforderungen konfrontiert ist, die seinen jeweils erreichten Zustand von Kohärenz erschüttern und wieder inkohärent machen, kann weder etwas Neues dazulernen noch sich weiterentwickeln.

Das Leben ist wie eine Achterbahn: Was runtergeht, geht auch wieder hoch, und umgekehrt. Wenn man einen kohärenten Zustand dauerhaft erhalten könnte, gäbe es keine Ausschläge mehr nach oben und unten. Ohne Spannung wäre man wie ein ausgeleiertes, schlaffes Gummi. Und wer will das schon?

Ich fahre ja sehr gern Achterbahn.

Auf der Achterbahn ist die Talfahrt sogar das Schönste – allerdings nur mit der Aussicht, dass es danach wieder bergauf geht. Und man nie tiefer fallen kann, als die Schienen es zulassen.

Deshalb: Wenn es auf der Achterbahn bergab geht, kann man sich schon mal freuen auf den Looping – und wenn's bergauf geht, auch freuen. Ein bisschen wie an der Frankfurter Börse könnte man versuchen, mit Glück und Freude antizyklisch zu wirtschaften und bereits, wenn der Kurs im Sinkflug ist, auf das nächste Aktienhoch zu spekulieren. Antizyklisches Investment.

Wenn ich zynisch drauf bin, weise ich andersherum euphorisierte Leute, die zum Beispiel nach einer Veranstaltung von ihrem nun geplanten Höhenflug berichten, manchmal darauf hin: „Keine Sorge, die nächste Talfahrt kommt bestimmt." (Auf die man sich ja, siehe oben, ebenfalls freuen darf.)

Der kluge Richard Rohr schreibt: *„Der Schmerz lehrt uns etwas, das uns völlig gegen unsere eigene Einsicht geht: dass wir abwärts gehen müssen, bevor wir überhaupt wissen können, was aufwärts ist."*[14]

Wenn alle Bedürfnisse befriedigt wären, wäre das nicht Erfüllung, sondern im Gegenteil Leere. Oder tödliche Langeweile. Wie gesagt: Das ganze Leben ist ein Auf und Ab und wird in Kurven gemessen: die Herzkurve, die

Atemkurve – wer einatmet, muss ausatmen, wer einschläft, muss ausschlafen ☺. Der einzige Zeitpunkt im Leben, in dem wirklich alles glattläuft und in dem die Kurve nicht mehr ausschlägt, ist die „Flatline" auf dem Herz-Monitor. Die hat man erst dann sehr endlich erreicht, wenn man tot ist …

Das Gefühl von Glück kann laut Gerald Hüther nur dann entstehen, wenn sich das, was wir im Augenblick erleben, spürbar positiv von dem unterscheidet, was wir zuvor erlebt haben. Denn es ist nicht der Zustand von Kohärenz, der uns glücklich macht, sondern die Verwandlung eines inkohärenten Zustandes in einen etwas kohärenteren. Nur wer hinreichend stark unglücklich war, kann erleben, wie es sich anfühlt, glücklich zu sein.

Sprich: Wer viele Probleme hat, hat mehr Chancen, glücklich zu sein (es sei denn, sie sind so groß, dass man es nicht schafft, sie zu bewältigen). Wahrscheinlich auch ein Grund, warum ich mir ständig neue Probleme aufhalse. Es gibt eine Gattung von Menschen – an dieser Stelle mal Drama-Lamas genannt und verwandt mit den Hypochondern –, die das vielleicht schon unbewusst verstanden haben und sich deshalb immer wieder und oftmals grundlos ständig neue Dramen im Leben erschaffen. Mit dem Unterschied, dass sie nicht die Chance nutzen, sich über eine Ent-Dramatisierung zu freuen.

Der anzustrebende Zustand ist daher ein individuelles Kohärenz*gefühl*, bei dem man zu dem Schluss kommt: „Das Gleichgewicht wurde erschüttert, aber ich kann es bewältigen." Dieses Gefühl ermöglicht Weiterentwicklung statt Stillstand. Man erlebt sich selbst als jemanden, der, wenn es mal nicht mehr passt, das wieder hinkriegt. Natürlich ist dieses Gefühl total subjektiv.

Das Kohärenzgefühl ist auch ein zentraler Aspekt in der Theorie der Salutogenese (Aktivierung der Selbstheilungskräfte) des Medizinsoziologen Aaron Antonovsky: Wenn ein hinlängliches Kohärenzgefühl gegeben ist, wird ein Mensch selten krank und kommt schneller wieder in Gang. Andersherum führt ein ständiges Inkohärenzgefühl zu Angst, Handlungsunfähigkeit und letztlich sogar Krankheiten.

Es geht daher bei dem Streben nach Resilienz darum, das Durcheinander wieder zu einer gewissen Kohärenz zu führen. Man muss sozusagen „Hochklettern aus dem Keller".

Eine mögliche Sackgasse auf dem Weg: Wenn jemand beispielsweise an irgendeinem Punkt in seinem Leben auf ein Problem gestoßen ist und einen vermeintlich effektiven Weg gefunden hat, damit umzugehen, kommt er aus dem Muster nicht mehr oder nur schwer wieder heraus – auch wenn dieses in Wirklichkeit überhaupt keine Lösung bietet, sondern alles nur noch schlimmer macht. Solche Sackgassen können zum Beispiel Ablenkungen sein (Drogen, Alkohol, Aktivismus, Wegbeamen mit Filmen), eine Opferhaltung oder zwanghafte Verhaltensweisen.

Wenn man bei einem neuen Problem automatisch auf diese vermeintlich bewährten Lösungen zurückgreift, ist das ein bisschen so, als würde man immer die Autobahn benutzen, weil es schnell geht und unkompliziert ist. Darüber vergisst man ganz, dass es auch noch eine Landstraße gibt. Die ist zwar trotzdem noch da, aber es gibt keine Schilder mehr, sie ist zugewachsen. Wenn nun aber auf der Autobahn ein Riesen-Stau ist und man eine alternative Route braucht, wäre es gut, auch noch auf die Landstraße zurückgreifen zu können. Ist zwar nicht ganz so bequem, aber dafür entdeckt man vielleicht unterwegs noch ganz neue hübsche Landschaften und Möglichkeiten.

Standbeine

Der Weg aus dem Keller nach oben wird vor allem auf Vertrauen aufgebaut. Man kann sich das wie einen dreibeinigen Hocker vorstellen: [15]

- Vertrauen auf sich selbst
- Vertrauen darauf, dass andere helfen, wenn man es allein nicht schafft
- Vertrauen darauf, dass es wieder gut wird

Deshalb sind gute Geschichten und Märchen so wichtig, die man als Kind erzählt bekommen hat – Märchen haben immer dieselbe Grundstruktur: Guter Anfang, Irritation, Abrutschen, doch dann wird es wieder gut. Das ist ein Grundmuster des Lebens: Es wird wieder gut.

Das Maß, in dem man daran glaubt, hängt auch davon ab, wie viele Kompetenzen man schon erworben hat, also positive Erfahrungen und Bewältigungsstrategien. Je mehr möglichst vielfältige Lösungsansätze, Antwortmuster und Strategien man hat, um sein inneres Gleichgewicht wieder herzustellen, desto besser.

Das passt im Prinzip ganz gut zu den „Säulen der Resilienz". Nur dass es auch nach Gerald Hüthers Verständnis nicht nur sinnlos ist, solche Lösungsansätze und Strategien

aus einem Training oder Buch lernen zu wollen, sondern unter Umständen auch schädlich.

Denn eine wie auch immer geartete „Zufuhr von außen" in Form von Ratschlägen und Handlungsanweisungen verhindert immer, dass der Körper/das Hirn/der Mensch die Lösung selbst findet. „Ich will niemanden daran hindern, selbst zu laufen, indem ich ihm beim Gehen helfe", sagt Gerald Hüther. Wenn ich einem kleinen Kind (zu) früh beim Laufen lernen helfe oder es dazu animiere, kann ihm das sein ganzes Leben lang schaden. Die notwendigen Gelenkspalten schließen sich zu früh, man riskiert Senk-, Spreiz- und Plattfüße, und die wichtigen Pyramidenbahnen, die bei den Diagonalbewegungen beim Krabbeln entwickelt werden, können sich nicht ausreichend ausbilden.

Genau mit diesem Problem plage ich mich ja schon lange: Ich möchte den Menschen, die von mir einen Rat wollen, wirklich gern helfen. Aber wie kann eine Hilfe aussehen, die dem anderen wirklich etwas bringt?

Auch hier konnte Gerald Hüther mir einen Ansatz liefern, der zu meinen Erfahrungen und meinem Gefühl passt: Jeder Mensch hat seit jeher zwei Grundbedürfnisse. Das erste ist das Bedürfnis nach Verbundenheit – im Mutterleib erlebt man dies in Extremform, und ab dem Moment, wenn nach der Ent-Bindung die Nabelschnur durchtrennt wird, strebt jeder Mensch nach dem Gefühl der Verbundenheit. Auch später muss ein Mensch mit anderen verbunden sein, verstehen und sich verstanden fühlen. Sprich: geliebt sein. Um den Umgang mit Gefühlen zu lernen und das Vertrauen zu entwickeln, dass ich liebenswert, wertvoll und gewollt bin, ist es nötig, dass ich bedingungslos geliebt werde.

Was ist dann aber mit den Menschen, die keine liebevollen Eltern hatten, die ihnen dieses Gefühl von Verbundenheit geben konnten? Wie kann es sein, dass die Kinder aus der Kauai-Studie trotz zerrütteter Familiensituation resiliente Menschen wurden?

Die gute Nachricht ist, dass es nicht zwingend die Eltern sein müssen, die einem dieses Gefühl geben. Wenn man bei den Kindern aus der Kauai-Studie genauer hinsah, konnte festgestellt werden, dass die 72, die sich aus ihrem Sumpf befreien konnten, alle irgendwo eine Person hatten, zum Beispiel eine Großmutter oder einen Lehrer, die ihnen bedingungslose Liebe vermittelt hat. Und einmal richtig „angezündet", hält die Flamme fürs ganze Leben, und der glimmende Docht erlischt nicht.

Und noch eine gute Nachricht: Wenn man in der Kindheit kein solches Verbundenheitsgefühl vermittelt bekommen hat, kann man dieses auch später noch „nachholen".

Das zweite Grundbedürfnis neben dem Verbundensein ist die Möglichkeit zum Wachsen, zur Freiheit und Autonomie. Wo diese Möglichkeit nicht gegeben ist, entstehen nicht nur Schwierigkeiten beim Lernen, sondern es wird auch der Erwerb der im Frontalhirn verankerten Funktionen und Metakompetenzen verhindert: die Fähigkeit, Impulse zu kontrollieren, Frust zu ertragen, Handlungen zu planen, die Folgen eigenen Tuns abzuschätzen, sich in andere Menschen einzufühlen, Verantwortung zu übernehmen und Aufmerksamkeit auf eine Sache zu lenken. Diese entscheidenden Fähigkeiten erwerben Menschen nur durch eigene Erfahrungen beim Lösen von Problemen und bei der Bewältigung von Herausforderungen.

Was Menschen schadet, ist, zum Objekt von Bewertungen, Belehrungen und Maßnahmen gemacht zu werden. Das verletzt beide Grundbedürfnisse (Verbundenheit und Autonomie) gleichzeitig. Leider ist es oftmals genau das, was bei „Resilienz-Trainings" wie den oben angeführten passiert.

Die größte Inkohärenz im Gehirn geschieht aber eigentlich schon weit früher, nämlich in der Schule: Kinder werden mit Informationen beschallt, die sie aufnehmen und später in Form von Klassenarbeiten wiedergeben sollen, ganz unabhängig davon, wer sie sind, ob das etwas mit ihnen zu tun hat... Die PISA-Studie brachte zutage, dass viele Kinder anscheinend mit diesem System nicht gut funktionieren.

Daraufhin wurden PISA-Maßnahmen entwickelt, das Messinstrument wurde zum Maßstab, und Schulen, Lehrer und Schüler gelten nur als gut, wenn sie diesen genügen. Sie lernen, sich mit dieser Objektivierung abzufinden oder/und andere zu Objekten zu machen. Und dieses Muster zieht sich dann schleichend, aber konsequent auch durchs weitere Leben.

Dass wir Deutschen nicht nur auf dem Gebiet der stressbedingten Krankheiten Marktführer sind, sondern auch im Objektivieren, zeigt sich in erschreckendem Maße in der Medizin. Auch hier werden wir oftmals zu Objekten von Behandlungen und „Reparaturmaßnahmen". Nur ganz langsam und noch lange nicht flächendeckend setzt sich die Erkenntnis durch, dass man Menschen nicht wie Maschinen betrachten kann, denen man Ersatzteile einsetzt, und dann funktionieren sie wieder wie gewünscht. „Heilen" ist etwas anderes als „reparieren". Es ist toll, was dank der modernen Medizin alles möglich ist – dennoch sollte der Mensch und seine Bedürfnisse immer vor der technischen Machbarkeit stehen.

Eigentlich ist nur die Palliativmedizin die Medizin, wie sie überall sein sollte. Denn da geht es nicht (mehr) um Reparatur von Funktionen, sondern um eine ganzheitliche Begleitung mit Würde und Menschlichkeit im Angesicht des Todes.

Doch es gibt auch hier gute Nachrichten: Die Menschheit entwickelt sich stetig weiter, auch in diesen Dingen. Zwar bewegen sich große Teile unserer Gesellschaft noch in die Leistungs/Objektrichtung, doch es gibt auch eine gegenläufige Bewegung, hin zu mehr Subjekt-Wahrnehmung, Gleichberechtigung, Achtsamkeit.

Ein Beispiel: Aktuell gibt es immer mehr junge Mütter, die ihre Kinder windelfrei großziehen. Auf der „Autobahn" der bisherigen Handhabung denkt man sofort: „Das geht doch nicht!" Aber diese Mütter entwickeln eine große Sensibilität für die Bedürfnisse des Kindes. Sie sind ganz bei ihm, und so erahnen sie frühzeitig, wann es „so weit ist". Diese starke Verbundenheit ist aber das Gegenteil des Verhaltens von Helikoptereltern, die dem Kind alles abnehmen und alles überwachen, was es tut. Eine andere Generation von Eltern wächst heran, die ihre Kinder in die Eigen-Mächtigkeit führen, selbst Gestalter der Prozesse zu werden. Um mal mein Lieblingswort anzubringen: Hier geschieht „Ermündigung".

Wenn ein Kind Schwierigkeiten in der Schule hat, weil es mit der Objektivierung nicht zurechtkommt, nehmen solche Eltern das nicht einfach hin, sagen „Da musst du durch" oder nehmen ihm die Auseinandersetzung ab. Es geht ja nicht darum, Kindern das Leben leicht zu machen oder sie nicht auch mal schwierige Erfahrungen machen zu lassen, ganz im Gegenteil, siehe oben.

Deshalb wäre in einem solchen Fall ein Ansatz, der Verbundenheit und Freiheit vereint, dass man zum Beispiel gemeinsam zum Klassenlehrer oder Vertrauenslehrer geht und nach Lösungen von bestimmten Einzelproblemen sucht. Wenn das nichts hilft, könnte man eine Vereinbarung mit dem Kind treffen, ihm die Zusammenhänge erklären, es ermutigen, ihm sagen, dass man selbst das System auch blöd und falsch findet, aber es dazu anspornen, zwei Jahre durchzuhalten und zu zeigen, dass es so etwas bewältigen kann. Dabei geht es immer darum, die eigene Persönlichkeit des Kindes, seine Individualität und Würde zu stärken, statt es in eine Norm zu pressen oder dies gutzuheißen.

Die Unterscheidung, ob man jemanden oder sich selbst gerade als Objekt oder Subjekt behandelt, ist gar kein so schmaler Grat. Man kann sich einfach fragen: Mache ich den anderen gerade zum Opfer einer Belehrung, will ich ihm etwas „verkaufen" – oder helfe ich ihm, eigene Erkenntnisse zu gewinnen? Bestätige ich seinen Wert als Mensch, seine Würde, und befähige ihn zur Eigenmächtigkeit? Gehe ich mit mir selbst würdevoll um? Hilft dies mir, das Gefühl meiner eigenen Würde zu entwickeln oder zu stärken?

Ein praktisches Beispiel: Menschen aus sozialen Berufen, die sich aufopfern, um Anerkennung zu bekommen, haben die höchsten Burnoutraten. Wenn man aus der falschen Motivation heraus hilft, macht man sich selbst damit zum

JEDER MENSCH
IST EIN ABSOLUTES
Novum

Objekt, und die Menschen, denen man hilft, gleich mit. Eine Aufgabe zu haben und anderen zu helfen ist aber immens wichtig und würdevoll, wenn man sich nicht dadurch selbst bestätigen muss.

Es geht natürlich auch in Beziehungen nicht darum, sich nur noch gegenseitig den Kopf zu tätscheln und keine Herausforderungen mehr zu bewältigen. Begegnungen zwischen Menschen sind dazu da, dass man aneinander wächst. Weiterentwicklung muss passieren – aber nicht zum Preis der Objektivierung. Ich muss ein Leben führen, in dem ich im Einklang mit mir und anderen bin und in dem alle wachsen können.

Die Ausrichtung auf Selbstoptimierung ist dagegen lähmend und hemmend: Mir ständig den Puls zu fühlen und mich zu fragen, ob ich jetzt wirklich glücklich, mein bestes Ich, fit genug, schlank genug oder gesund genug bin, macht mich zum Objekt einer Ideologie, einer Verkaufsstrategie oder Wahnvorstellung. Ich bin nicht mehr frei, weil ich mich dauernd überprüfen und kontrollieren muss. Wie viele Menschen diese Form von Selbstüberwachung zu brauchen meinen, zeigt die hohe Nachfrage nach Armbanduhren, die jedwede Lebensfunktion minutiös überwachen und Störungen melden.

Würde und Wert

Der Wert des Menschen beruht nicht auf seiner Rolle als Konsument oder Pflichterfüller, davon ist auch Gerald Hüther überzeugt. Er schreibt in seinem Buch „Würde"[16], dass die Würde jedes Menschen mit seiner Existenz schon vorhanden ist, dass die Geschichte der Würde revolutioniert wurde dadurch, dass der Mensch „ihm zum Bilde, zum Bilde Gottes" erschaffen wurde, wie es in der Bibel steht. Der Mensch als Ebenbild Gottes. Mehr Würde geht eigentlich kaum: ein Gott ähnliches Geschöpf, ein Wesen, mit Respekt zu behandeln, auserwählt und zur Freiheit berufen und mit dem Geschenk des Lebens und des freien Willens gesegnet.

Diese Würde muss nicht erworben werden, und sie ist unverletzbar – wenn man sich der eigenen Würde bewusst ist und sich nicht ent-würdigen lässt (und ob man das zulässt, entscheidet man immer noch selbst).

Ich muss dabei an den Film „Forrest Gump" denken. Forrest Gump, der naive Held des Films, trifft Jahre nach seinem Vietnam-Einsatz seinen verehrten Vorgesetzten Lieutenant Dan wieder, den er damals schwer verletzt gerettet hat. Dem Lieutenant mussten beide Beine amputiert werden, und er wurde in den folgenden Jahren ein zynischer, verlotterter Säufer. Er hat sich selbst komplett aufgegeben, hängt in der Opferrolle fest, betäubt sich, ist verzweifelt. Forrest Gump sieht das einfach nicht so, er weigert sich, etwas anderes als das Beste von seinem Lieutenant anzunehmen. Er nennt ihn weiterhin bei seinem Rang, bestätigt ihn immer wieder in seiner Würde und erinnert ihn daran, wer er ist. Und vor allem dank dieser hartnäckig-liebevoll-würdevollen Penetranz wird Lieutenant Dan schließlich wirklich wieder er selbst, kommt wieder „auf die Prothesen" und findet einen Lebenssinn und eine neue Liebe. Sein Wert und seine Würde waren aber die ganze Zeit gleichermaßen intakt – nur hat er sie nicht mehr wahrgenommen.

Jeder Mensch ist einzigartig, ein absolutes Novum, es gibt ihn nur einmal auf der Welt, und das allein macht ihn schon unschätzbar wertvoll und unersetzlich.

So schön und vielleicht sogar logisch diese Ansicht klingen mag, so wenig selbstverständlich scheinen sie die Menschen im Leben oder in ihrem Selbstbewusstsein zu integrieren. Denn als ich diesen Gedanken des Selbstwertes des Menschen in sich im Buch „Rolle vorwärts" formuliert habe, rief er mit Abstand die größte Resonanz hervor:

Ich habe zum Glück schon in meiner Kindheit vermittelt bekommen, dass mein Wert nicht von meiner Nützlichkeit, „VerWERTbarkeit" oder Leistung abhängt.

Dafür sorgte vor allem mein Vater, dem es sehr wichtig war, dass meine Geschwister und ich ein gesundes, gutes Selbstwertgefühl und Selbstbewusstsein entwickeln. Immer wieder

sagte er uns, auch einfach so aus dem Nichts heraus: „Eins plus!" Selbst mitten in Streitgesprächen. Als ich einmal vollkommen geschockt, da nur Einsen und Zweien gewohnt, mit meiner ersten schlechten Note nach Hause kam – ich glaube, einer Fünf in Englisch –, schenkte er mir eins der teuersten und modernsten Jo-Jos, die gerade auf dem Markt waren. Damit unterstrich er wieder mal, dass ich für ihn „Eins plus" bin, und zwar als sein Sohn Samuel. Unabhängig von meinen Leistungen in der Englischarbeit.

Mein Vater ist natürlich menschlich und hat auch irgendwo Fehler. Aber dieser Zug an ihm, bemüht, mich als sein Kind wirklich bedingungslos zu lieben, der ist im Grunde „übermenschlich", also göttlich. So stelle ich mir Gott vor: Er liebt mich, weil ich bin – mehr muss ich dazu nicht leisten oder tun.

Die allermeisten Leute scheinen nach dem Prinzip zu leben: Tun – Haben – Sein.

Das heißt, sie tun etwas: arbeiten, studieren, errichten, erschaffen, erreichen, verdienen und so weiter.

Daraufhin haben sie etwas: Geld, einen Abschluss, einen Doktortitel, Einfluss, Erfolg, wohlgeratene Kinder, größere Brüste, ein Haus und so weiter. Dann erst sind sie etwas: Sie sind wer, weil sie etwas getan und erreicht haben. An ihren Errungenschaften messen sie ihren Wert. Ein Prinzip, mit dem man gut und gerne 102 Jahre lang leben und auch glücklich werden kann.

Was aber, wenn das Haus abbrennt, ein anderer den Job bekommt oder der Zahn der Zeit an der schönen Optik nagt?

Ich habe die Erfahrung gemacht, dass ich glücklicher bin, wenn ich das umdrehe:

Sein – Haben – Tun.

Wir sind schon wertvoll, einfach, weil wir sind. Dadurch haben wir etwas (einen Wert) und aus dem heraus können wir etwas tun. Wenn das Tun wegfällt, sind wir am Schluss immer noch wer. Vielleicht heißt es deshalb im Englischen auch „human being" und nicht „human doing".[17]

TEIL 2: STEHAUFWERTE: MEINE ALTERNATIVEN SÄULEN DER RESILIENZ

Aus dem Gespräch mit Gerald Hüther habe ich vieles mitgenommen – zum Beispiel, am Sinn von Ratgeberliteratur generell und von Resilienz-Ratgebern speziell zu zweifeln. Aber bei allem Zweifel muss es ja irgendetwas geben, woran man sich auf dem Weg durch die Schwierigkeiten des Lebens festhalten kann.

Die „Säulen der Resilienz" klingen im Grundsatz gar nicht so verkehrt, wenn man mal von den genannten Fallstricken und Schwächen absieht.

Aber was sind diese Säulen eigentlich? Sind sie die Grundvoraussetzungen für Resilienz? Sind es einfach Gemeinsamkeiten oder wünschenswerte Eigenschaften, die man „trainieren kann wie einen Muskel", wie es in einigen Publikationen heißt? Schlaue Leute nennen sie daher vorsichtshalber „Schutzfaktoren" – das kann ja im Grunde alles von den oben genannten Dingen sein.

Ich habe im Laufe der letzten Jahre oft zu hören bekommen, was ich alles „muss" – mein Schicksal akzeptieren, meine Wünsche kompromissloser kommunizieren, und und und. Nichts davon konnte ich „müssen", sondern ich habe es nur dann umgesetzt, wenn ich es von innen heraus *wollte*.

Der schon erwähnte H., der an ALS erkrankt ist, hat mir erzählt, dass ein Pfleger eines Frühlingstages zu ihm gesagt hat: „Sie müssen unbedingt mal raus an die Luft!"

Diese sicher gut gemeinte Aussage führte bei H. zu einem geradezu reflexhaften Abwehrverhalten. Als später dann Freunde zu Besuch kamen, sagten sie: „Weißt du noch, als wir neulich draußen waren und alles so kahl war? Das sieht jetzt alles total anders aus. Das Frühlingswetter ist gerade richtig schön!"

Der dezente Hinweis weckte H.s Neugier, er wollte sehen, was sich verändert hat, und fuhr aus eigenem Antrieb raus. Und das Draußensein hatte heilsame Auswirkungen auf ihn und hob seine Laune.

Klingt banal, ist aber beispielhaft für die Frage nach der Motivation.

Mark Manson hat in seinem zauberhaften Buch „Die subtile Kunst des darauf Scheißens"[18] eine für mich und unser Thema elementare und verblüffend einfache Erklärung abgeliefert: Was uns auf unserer Bahn hält, sind unsere inneren Haltungen, Prinzipien oder Werte. Die haben wir alle, und wir richten unser ganzes Handeln und Denken nach ihnen aus.

Werte, das ist ein ziemlich abgenudelter Begriff, aber wenn wir uns an dieser Stelle mal kurz von allem lösen, was wir schon über Werte gehört haben, könnte es spannend werden. Man kann sie auch „innere Kraftquellen" nennen oder es mit dem ganz altmodischen Begriff „Tugenden" versuchen.

Es gibt gute und weniger gute innere Werte oder Haltungen. „Schlechte" Werte sind von äußeren Ereignissen abhängig und liegen außerhalb unserer Kontrolle. Wenn wir unserem Handeln schlechte Werte zugrunde legen, nehmen wir Dinge wichtig, die eigentlich unwichtig sind. „Ich möchte bei allen Menschen beliebt sein" ist zum Beispiel so ein verbreiteter, aber recht unsinniger Wert. An sich ist an dem Wunsch nichts Schlechtes – nur hängt seine Umsetzung dummerweise komplett von der Handlungsweise und dem Urteil anderer Leute ab und ist von uns selbst nur wenig beeinflussbar. Und leider sind es oft genau solche „blöden" Werte, die dem Selbstoptimierungswahn zugrunde liegen – aber die letztlich unser Leben nie wirklich besser machen.

Gute Werte sind dagegen realistisch, konstruktiv und steuerbar. Solche Werte kann man selbst direkt und konkret in seinem Inneren verwirklichen. Um beim Beispiel zu bleiben: „Ich möchte gute, tief gehende Beziehungen führen" wäre so ein Wert, den man selbst sofort und konkret anstreben kann – indem ich zum Beispiel meinen guten Freund Seb mal wieder anrufe oder einen ungestörten Abend mit meiner Frau einplane. Auch andere Werte wie Ehrlichkeit, Kreativität oder Bescheidenheit „funktionieren" so. Wenn wir uns auf sie konzentrieren, lenken wir unsere Aufmerksamkeit auf Dinge, die eine Rolle spielen, die die Welt um uns herum verbessern und nachhaltig sind.

Damit eine Person die notwendigen Kräfte mobilisieren kann, um mit schwierigen Situationen umzugehen, braucht es etwas, das aus ihrem Inneren heraus stärker und verhaltensbestimmender wird als die von außen kommenden Herausforderungen oder Ansprüche – so wiederum hat es Gerald Hüther erklärt.

Und wirklich, bei näherer Betrachtung ist es auch bei mir so, dass es keine angeborenen Fähigkeiten oder antrainierten Verhaltensweisen sind, die mich im Ernstfall aufrecht halten, sondern eine ganze Reihe von leider etwas aus der Mode gekommenen inneren Kraftquellen.

Für diese Kraftquellen, inneren Haltungen oder Werte kann ich mich relativ frei entscheiden. Ich erachte sie als wichtig, deshalb pflege und hege ich sie und achte auf sie.

Meine Werte sind sozusagen mein innerer Kompass, nach dem ich mich ausrichte und anhand dessen ich mein Verhalten, meine Gefühle und meine Handlungen überprüfe. Im Prinzip machen sie mich zu meinem eigenen Resilienz-Ratgeber.

Vielleicht kann man die großen Lebensfragen sowieso nur beantworten, indem man sie einfach lebt.

Durch meinen Unfall mussten diese Werte den extremsten Härtetest durchlaufen. Die meisten davon hatte ich schon vorher für mich entdeckt. Einige sind dazugekommen, andere habe ich als „unhilfreich" ausgemustert.

Das Schöne ist, dass das alles keine statischen Einstellungen sind, sondern dass sie sich immer weiter entwickeln, verändern und wachsen dürfen. Ich habe mich nicht einmal entschlossen, gute Beziehungen zu führen, sondern entscheide mich immer wieder neu dazu und lerne mit jedem Gespräch und jeder Begegnung mehr darüber. Mein Vertrauen auf Gott ist ein Wert, der sich entwickelt und verändert und immer neue Dimensionen bekommt. In jeder guten Beziehung zweifelt man, stellt Fragen, diskutiert, wächst aneinander und miteinander – so ist es auch beim Glauben.

In einer Krisensituation wird man gezwungen, sich selbst und die alten Antworten infrage zu stellen und zu schauen, was übrig bleibt. Vielleicht stellt man sich neue Fragen (Warum? Wozu?). Im besten Fall – siehe Gerald Hüthers Ausführungen – hat man dann schon aus vorangegangenen Krisen ein paar Antworten oder wenigstens Ansätze parat, kann diese abrufen und das Problem besser und schneller bewältigen.

Vielleicht ist es daher auf absurde Art ein Vorteil, dass alle meine schlimmsten Befürchtungen und Ängste schon

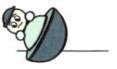

eingetroffen sind. Den Tiefpunkt meines Lebens habe ich vermutlich und hoffentlich schon erreicht und überwunden.

Welche Werte waren es, die diesem Test standgehalten haben? Die sich aus meiner eigenen Erfahrung, der Recherche und den vielen Begegnungen mit anderen (Stehauf-) Menschen herauskristallisiert haben? Sozusagen meine „alternativen Säulen der Resilienz"?

Sie klingen vielleicht etwas altmodisch. Es sind auch deutlich mehr als sieben. Aber warum nicht die Last auf möglichst viele Säulen verteilen? Hat sich im manchmal labil wirkenden Griechenland zumindest beim Parthenon ja auch bewährt. Der hat sogar 85 Säulen und steht immerhin seit 432 vor Christus.

Das Ganze ist natürlich ohne Anspruch auf Vollständigkeit und beliebig individuell erweiterbar. Die einzelnen Punkte greifen wie Zahnräder ineinander, manchmal gehen sie ineinander über oder setzen sich gegenseitig voraus.

Und weil jeder Mensch in seinem Leben an einem anderen Punkt ist: der Eine vielleicht mit sich und allem anderen versöhnt ist, aber trotzdem keinen Sinn im Leben sieht … die Nächste wiederum gar nicht weiß, was ihre Werte überhaupt sein sollen, sich dafür aber ihrer Selbstwirksamkeit sehr wohl bewusst ist …

… könnte es ab hier gut und gerne möglich und sogar nötig sein, das Buch von hinten nach vorn, stichprobenartig kreuz und quer oder im Kreis zu lesen – abhängig davon, was einem in der persönlichen Situation gerade wichtig oder interessant erscheint (siehe Inhaltsangabe).

Hoffnung

An erster Stelle der wichtigen Faktoren bei allen Forschungsrichtungen, die sich mit Resilienz befassen, steht: „Optimismus". Menschen, die das Leben grundsätzlich positiv sehen, erholen sich besser von Schicksalsschlägen, so heißt es.

Ich glaube durchaus auch: Optimismus ist eine gute Sache. Und wie eine Situation tatsächlich ist, ist für unser Befinden weit weniger wichtig, als wie wir sie betrachten. Aber: Wenn man gerade einen brutalen Schicksalsschlag erlitten hat oder im tiefsten Tal der Depression oder des Liebeskummers oder sonstiger (Selbstfindungs-)Krisen steckt, müsste man schon eine abgezockte Maschine sein, um kurzerhand zu analysieren: „Aha, mir geht's nicht gut. Ich stelle fest: Das ist negativ und stimmt mich pessimistisch. Also denke ich jetzt positiv und bin wieder optimistisch."

Das kommt mir ein bisschen so vor, als wollte man sich wie einst Baron von Münchhausen am eigenen Schopf aus dem Sumpf ziehen. Im besten Fall ist so ein Ansinnen Quatsch und im schlechtesten Hohn oder gar eine Beleidigung für den Betroffenen – wenn man zum Beispiel einer Mutter, die ihr krebskrankes Kind verlieren wird, vorwirft, dass sie eine zu negative Sichtweise hat.

Mir persönlich würde es auch nichts geben, jeden Morgen in den Spiegel zu schauen und mir zu sagen: „Ich schaffe das!" oder „Ich bin ein toller Hecht!" – wie es in Positiv-Denken-Ratgebern gern empfohlen wird. Eigentlich muss man sich so etwas nur dann sagen, wenn man eben *nicht* überzeugt davon ist, dass man toll ist und es schafft – sonst müsste man es sich ja nicht einreden. Die Grenze zwischen „positiver Selbstbeeinflussung" und „löchrigem Selbstbeschiss" ist ziemlich fließend. Vor allem, wenn es eben nicht um ein kleineres Problemchen, sondern um einen richtigen Tiefschlag geht, dem man Widerstand leisten soll.

Kurz vor meinem Beitrag auf dem Alpen-Symposium durfte ich dem Vortrag des Schweizer Autoren Rolf Dobelli lauschen, der (sinngemäß) sagte: Die Welt ist zu komplex für einfache Lösungen. Man kann nichts fürs Glücklichsein. Und wenn glückliche Menschen Bücher übers Glück schreiben, ist die Täuschung besonders perfide. Unglückspilze schreiben keine Selbsthilfebücher.

Abgesehen davon ist „Selbsthilfe" ein Widerspruch in sich. Wenn man sich selbst helfen könnte, impliziert das ja, dass man keine anderen Menschen braucht.

Auch und gerade von außen aufgestülpte optimistische Sprüche wie „Das wird schon wieder", „Nach dem Regen scheint die Sonne" oder ähnliche können je nach Schwere des erlebten (Rück)Schlags sogar das Gegenteil bewirken. Mir zum Beispiel jucken gelegentlich die Finger auf dem Gashebel meines 180 Kilo schweren Vehikels, wenn ein allzu nassforsch-positives Gegenüber, das keine wirkliche Ahnung von meinem Zustand hat, trotzdem beteuert, dass alles schon gut wird, wenn ich nur will.

Was ist denn, wenn ich es eben nicht schaffe? Wenn es nicht wieder gut wird? Diesen Fragen musste ich mich und müssen sich auch leider viele andere auf brutale Art stellen.

Was hilft denn dann dabei, nicht liegen zu bleiben, wenn das Leben einem ein Bein gestellt hat? Oder man sogar feststellt, dass man plötzlich keine Beine mehr hat? Und dass auch der optimistischste Gedanke daran nichts ändern wird? „Steh auf, Mensch!" zu jemandem zu sagen, der frisch beinamputiert ist, ist nicht nur im wahrsten Sinne des Wortes ein bisschen dämlich.

In einem Interview direkt nach dem Unfall sagte mein Vater: „Ich weiß, dass Samuel wieder glücklich werden wird." Rückblickend war das eine äußerst gewagte Aussage. Denn gerade war meiner Familie klar geworden, dass ich diesmal nicht wieder auf die Beine kommen würde. Dass im Gegenteil alles noch viel schlimmer war, als sich irgendjemand das in seinen kühnsten Alpträumen ausgemalt hätte. Dass ich vermutlich niemals wieder mehr als meinen Kopf bewegen könnte, mein Leben lang auf ständige Hilfe anderer angewiesen sein würde und noch viele weitere Nachwirkungen und Komplikationen mich erwarten würden, die noch niemand einschätzen konnte.

Mein Vater wollte mit Sicherheit keinen oberflächlichen platten Optimismus verbreiten. Erstens ist er ganz und gar nicht der Typ dazu, und zweitens war er von der Situation doppelt betroffen, da er nicht nur hilflos meinem Leid gegenüberstand, sondern auch am Unfallhergang beteiligt war. Zu flachen Sprüchen war er also definitiv nicht in der Stimmung.

Wieso hatte er also die Dreistigkeit, den Mut oder die Verwegenheit, so etwas zu sagen (und es wohl auch zu glauben)?

Weil es wohl um das geht, was mich damals wie heute immer und immer wieder neu positiv denken und in die Zukunft schauen lässt: Hoffnung.

Damals auf der Intensivstation habe ich meine Mama angefleht: „Bitte sag mir, dass alles wieder gut wird!" Nach einigem „Ach, Samuel!"-Rumgedruckse hat sie es dann doch irgendwie recht glaubhaft gesagt: „Alles wird wieder gut!" Und ich erinnere mich sogar noch an das hoffnungsvoll-erfrischende Gefühl, mit dem ich dann mit einem erleichterten „Aaaah!" ins Kissen zurücksank. Ich musste das einfach hören, ich brauchte diese Hoffnung zum Überleben. Wenn sie diesen Satz auch nicht in dem Sinne gesagt hat, wie ich das gern gehabt hätte („Alles wird wieder so wie vorher"), sondern eben so, wie mein Vater in dem Interview: „Du wirst wieder glücklich werden." So hat es aber für den Moment gereicht, um mir eine Hoffnung zu geben, an die ich mich klammern konnte.

Das bedeutete nicht, dass wir die negativen Gefühle verdrängt oder verleugnet haben – eine weitere Gefahr des zwanghaften positiven Denkens.

Hoffnung ist weitaus mehr als nur ein paar rosige Gedanken, mit denen ich mich irgendwie über eine Misere rette. Hoffnung ist aktiv – im Grunde ist sie eine existenzielle Trotzreaktion.

Im Sprachgebrauch verwendet man das Wort meist im Zusammenhang mit „auf" – also einer Richtung. Man hofft nicht einfach so vor sich hin, sondern man hofft *auf* etwas. Hoffnung braucht ein Ziel. Man hofft darauf, dass der geliebte Mensch geheilt wird. Oder dass sich die Ehe doch wieder kitten lässt. Ohne Hoffnung gibt es kein Morgen, keinen Grund, weiterzumachen und schon gar keinen Optimismus.

Und je schlimmer die Krise ist, die man erlebt, desto stärker muss die Hoffnung sein. Deshalb finde ich den Begriff „Zuversicht" fast noch besser. Zuversicht bedeutet laut Duden: „Vertrauen in die Zukunft". Das Wort kommt aus dem althochdeutschen *zuofirsiht,* und das wiederum steht für „ehrfurchtsvolles Aufschauen, Hoffen". Zuversicht ist ein Substantiv zu „sich zu jemandem versehen", was so viel bedeutet wie „auf jemanden vertrauen". Und dieser Jemand bin in meinem Fall besser nicht ich. Gelegentlich sind es natürlich andere sehr vertrauenswürdige Menschen, die ich um mich habe, aber im besten Fall schaue ich hoffnungsvoll auf einen übergeordneten Sinn und zu einer höheren Instanz auf.

(siehe auch ⇨ *Sinn und* ⇨ *Glaube)*

Man merkt schnell, dass je nach Anwendung und Adressat die Begriffe Optimismus, Hoffnung oder gar Glaube variieren und ineinander übergehen. So etwas kann schnell in Wortklauberei enden. Entscheidend ist nicht, welchen Begriff ich benutze, sondern wie und was ich praktisch lebe.

Ist es nur eine Theorie im Kopf oder durchdringt es mein ganzes Wesen, meine Sehnsucht? Dazu ist Optimismus zu schwach.

Wenn das Flugzeug, in dem man sitzt, plötzlich 50 Meter absackt oder sich gar mit roten Sirenen im Sturzflug befindet, würde vermutlich kaum jemand sagen: „Ich bin recht optimistisch, dass wir nicht abstürzen." Sondern alles in einem schreit: „Oh Gott, ich *HOFFE*, das ist nur eine Turbulenz! Hoffentlich überlebe ich das! Oder *hoffentlich* ist es wenigstens schnell vorbei!"

Ich brauche langfristigere, nachhaltigere Hoffnungen als solche, die man mit ein bisschen Optimismus am Leben halten kann. Ich hoffe zum Beispiel unter anderem, dass ich eines Tages wieder laufen kann. Weil nachhaltiges Hoffen auf etwas Gutes, etwas Besseres, und sei es eine noch so fantastische Utopie, ganz konkret nicht nur mein Denken und Wollen, sondern auch mein Verhalten und meine Beziehungen in der Gegenwart verändert und sie damit positiv beeinflusst. Und vielleicht hoffe ich mich hoffentlich auch unterwegs in die kleinen Teilschritte mit hinein.

Eine Hand bewegen können ist dann ein Teilerfolg dieser Hoffnung und nicht ein Scheitern auf dem Weg zur großen Hoffnung. Die Hoffnung wird zu einem Zustand, der mein Verhalten in der Gegenwart verändert, die dadurch positiv beeinflusst wird. Es beeinflusst mich aber nicht negativ, indem ich nur noch darauf hinlebe, mein Sozialleben vernachlässige und so weiter. Es ist eine Gratwanderung, etwas zu hoffen, aber nicht „eindimensional" nur auf das eine mögliche Ergebnis zu setzen.

(siehe auch ⇨ Loslassen)

Diese Hoffnung führt praktisch dazu, dass ich jetzt gerade Stehtraining mache, um meine Knochendichte langfristig stabil zu halten, meinen Kreislauf in Schwung zu bringen, Arthrose und Osteoporose vorzubeugen. Weil ich die Hoffnung habe, dass vielleicht doch eines Tages jemand den medizinischen Durchbruch entdeckt und ich dann meinen Körper am Start haben muss. In der Gegenwart tut es mir aber auch gut, ich bin fitter, konzentrierter und mein Hintern wird nicht die ganze Zeit „besessen".

Logische Konsequenz: Natürlich verändert sich das Denken und Handeln im Hier und Jetzt nicht nur in Bezug auf

Glauben oder Hoffen, sondern auch in der vermeintlich kleinsten Instanz, dem Optimismus.

Und dann gibt es da die noch langfristigere Hoffnung, bei manchen Menschen sogar überlebenslang über unsere irdische Existenz hinausgehend, nämlich dass über allem eine Energie, oder wie die Wissenschaft sagt, intelligentes Design, oder noch anders formuliert, ein Gott die Dinge in der Hand hält.

Ich hoffe darauf, dass Gott mit allem, was mir passiert ist, ein langfristiges Ziel verfolgt. Und dass dieses Leben nicht alles ist, was ich noch zu erwarten habe. Beziehungsweise es noch mehr zu erwarten gibt, was ich zu hoffen glaube.

Glaube

Bereits vor einigen Jahren habe ich einen der Schlüsselmomente aufgeschrieben, in dem ich in der schlimmsten Zeit meines Lebens zum ersten Mal die oben beschriebene hoffnungsvolle Zuversicht verspürte: „Gerade fing mir an zu dämmern, dass ich diesmal nicht glimpflich davongekommen war. Ich würde nicht wie nach meinen sonstigen Unfällen auf meinen eigenen Beinen gesund und munter die Klinik verlassen. *Du wirst nie wieder laufen können, nie wieder selbstständig leben.*

Alle meine Pläne, alles, was mir auch nur irgendwie, irgendwann mal vorgeschwebt hatte, lag nun in Ruinen vor mir. Trotz all der lieben Menschen, die mich umgaben, fühlte ich mich einsam und unverstanden. Drei endlose Monate lang hatte ich auf dem Rücken gelegen, mit dem Kopf eingespannt in einer Schraubstockkonstruktion. Und nun ‚durfte‘ ich ein paar Minuten im Rollstuhl sitzen. Man fuhr mich auf den Balkon. Schmerzen. Frustration. Alle Träume für ewig zerplatzt?

In diesem Moment war es die einzig logische Konsequenz, mich an Gott zu wenden. Wohin sonst sollte ich jetzt noch gehen?

Das Loch in meinem Hals, durch das ich bis vor Kurzem noch beatmet worden war, war noch nicht ganz zugewachsen, als ich zum ersten Mal seit sehr langer Zeit wieder bewusst durch Mund und Nase unklimatisierte Bergluft einatmete. Ich konnte die feucht-frischen Luftpartikel förmlich spüren, die durch meine Atemwege strömten. Nachdem ich wochenlang nur einen Fensterausschnitt der Umgebung gesehen hatte, sah ich nun endlich, was sich außerhalb des Klinikgebäudes befand. Mein Blick fiel auf die grüne Wiese, den Sempacher See, die lustigen Heidschnucken auf der Wiese mit den herrlichen, schneebedeckten Bergen im Hintergrund. Alles umrahmte der blaue Himmel mit seinen vereinzelten Wolken, durch die hin und wieder die Sonne blitzte. So etwas wie ein Lächeln begann fast unwillkürlich in meinem Gesicht zu kitzeln.

Und plötzlich verspürte ich eine scheinbar grundlose Freude. Eine, die von innen heraus kam. Über die Luft zum Atmen, die Schönheit der Schöpfung, die Menschen in meiner Umgebung und das Leben als solches. Mit einem breiten Grinsen saß ich auf dem Balkon und habe es selbst nicht verstanden. Logisch war das jedenfalls nicht! Rückblickend würde ich diesen Moment mit dem Begriff ‚innerer Frieden‘ betiteln."[19]

Im Grunde war das der erste Ansatz des wieder beginnenden „Kohärenzgefühls", von dem Gerald Hüther gesprochen hat. Und tatsächlich habe ich seither erlebt, was ich damals geahnt und gehofft habe: Es gibt immer mehr Momente, in denen ich tatsächlich wieder so etwas wie glücklich bin. Mein Leben ist lebenswert, so wie es ist, trotz oder mit allen Einschränkungen. Auch wenn ich das bis dahin nicht für möglich gehalten habe. Aber Glaube ist eben eine Steigerung des Fürmöglichhaltens.

Wunder sind nicht normal, sondern möglich. Der Glaube ist ein heilsamer Trotz angesichts all der lähmenden Offensichtlichkeiten: Ich will dem Geschehen noch eine weitere Möglichkeit zugestehen, schreibt der Geigenbauer Martin Schleske.[20]

„Glaube" kann ja ganz universell verstanden werden – Glaube an mich selbst, an das Gute im Menschen, an die

Menschheit an sich, an nichts, an einen Religionsstifter, an Gott. Wie bei allem ist es individuell unterschiedlich, welcher Glaube einem Menschen die nötige Kraft gibt, in widrigen Umständen weiterzumachen.

Einige der Mörder, zu denen ich ins Gefängnis eingeladen wurde, erzählten mir, dass sie Kraft aus ihrem Glauben ziehen. Diese Männer waren meist Moslems. Und natürlich leuchtet es mir ein, dass dieser Glaube ihnen Struktur, Ausrichtung und die immens wichtige Sinngebung bietet. Nur habe ich mich gefragt, ob es nicht gerade im eingesperrten Zustand schöner sein müsste, nicht nur an einen gerechten und fordernden Gott zu glauben, sondern an einen Gott der Gnade, der Liebe und der Freiheit.

Richard Rohr hat gesagt, dass sich die Größe einer Religion darin zeigt, was sie für den Umgang mit dem Absurden, Tragischen, Sinnlosen und Ungerechten lehrt.

Die von mir favorisierte Glaubensrichtung hat für unser Thema etwas unmittelbar Verblüffendes zu sagen: *„Wenn der Geist Gottes unser Leben beherrscht, wird er ganz andere Frucht in uns wachsen lassen: Liebe, Freude, Frieden, Geduld, Freundlichkeit, Güte, Treue, Sanftmut und Selbstbeherrschung."* (Galater 5,22)

In diesem einen Vers kommen schon 9 der 20 Stehauf-Werte, oder hier noch viel schöner „Früchte" genannten Haltungen vor. Und er besagt, dass es gar nicht (nur) wir selbst sind, die mit unseren Bemühungen diese Eigenschaften in uns selbst stärken, sondern dass es vor allem die Anwesenheit Gottes in unserem Leben ist, die diese als Früchte hervorbringt. Liebe, Freude, Frieden und so weiter sind also nicht das Ziel, das wir alle anstreben, sondern das Produkt einer Zusammenarbeit. An anderer Stelle heißt es: „Ihr könnt es, denn Gott selbst bewirkt in euch nicht nur das Wollen, sondern auch das Vollbringen."[21]

Ich finde es unheimlich erleichternd zu wissen, dass nicht alles von meinen eigenen Bemühungen abhängt und ich es nicht aus eigener Kraft meistern muss. Ich habe die Freiheit und die Verantwortung, mein Leben selbst zu gestalten, doch ich muss es nicht allein schaffen.

Die Schriftstellerin Charlotte Link, deren Schwester an Krebs erkrankt war, hat in einem Interview gesagt: „Ich habe das Gespräch mit unserem Pfarrer gesucht. Sein für mich magischer Satz war: ‚Ob Ihre Schwester lebt oder stirbt, darüber entscheiden nicht die Ärzte, darüber entscheidet ein anderer.' Was ja noch nicht heißt, dass alles gut gehen wird. Es war aber wie ein Entkommen vor den niederschmetternden Statistiken und den Hiobsbotschaften der Ärzte. Als ich hörte, dass die Entscheidung letztlich ganz woanders liegt, ist in mir Hoffnung erwacht."[22]

Auch für Viktor Frankl war der Glaube an Gott einer der stärksten Anker in seiner verzweifelten Lage im KZ. Und auch später beobachtete er bei seinen Patienten, dass diejenigen von ihnen, die an Gott glaubten, sich besser ausrichten und aufrichten konnten – also resilient waren. Er berichtete auch von Menschen, die sich „Gott zuliebe" in depressiven Phasen zusammenrissen oder nach schweren Schicksalsschlägen weitermachten.

Frankl selbst hatte ein Bild für seine Beziehung zu Gott, das mir als Schauspieler natürlich sehr gefällt: Er stellte sich vor, er stünde auf einer hell erleuchteten Bühne, vor sich den dunklen Zuschauerraum. Er kann ihn nicht sehen, aber er weiß, dass jemand da ist und seine „Lebensvorstellung" anschaut. Und dieser Zuschauer war für ihn das Maß aller Dinge.

Es ist aber der Glaube eine feste Zuversicht dessen, was man hofft, und ein Nichtzweifeln an dem, was man nicht sieht. (Hebräer 11,1)

(siehe auch ⇒ Besinnung)

Dankbarkeit

Gerade weil das Thema Dankbarkeit aktuell in aller Munde zu sein scheint und dadurch auch schon irgendwie ausgelutscht wirkt, lohnt es sich vielleicht, es näher unter die Lupe zu nehmen.

Ich habe schon öfter erwähnt, dass ich meine Perspektive oft absichtlich auf die schönen Dinge im Leben verschiebe. Dazu versuche ich zum Beispiel regelmäßig Dankbarkeitslisten zu erstellen. Ich zähle mir – ein bisschen selbstmanipulativ – Dinge auf, für die ich dankbar bin: Sei es die Schönheit der Schöpfung oder die Entdeckung der Mikrowellen, die ein Kirschkernkissen aufheizen können, das dann meinen Nacken wärmt. Oder meine Wohnung, warme Socken, Saunas, Vogelgezwitscher am Morgen, Chris, Jonathan, Seb, Alex, Sarah, Gergö, Facebook, Touch-Displays, Mama, Papa, mein Bruder, meine Schwestern und ihre Jungs, Josua, Cousinen, Cousins, Oma und Opa, Onkel und Tanten, Til, Christoph, Physiotherapie, Simon, Isa, Sonnenaufgang, Manuel, Pfefferminztee, Kunstturnen, Meike, Heinz Ehrhardt, Kinder, mein Auto, David, eine besondere Mail, mein neues Trainingsgerät, Jan, Uli, Robert, Panzertape, Bennyboy, Markus, Badewannen, Spülmaschinen, T(h)öne, Harfsts, Mündigkeit, Müdigkeit, kurze nette Briefe, meine Stimme, Tiefensensibilität, Fantasie, schöne Träume, Reisen, eine Festanstellung, Gottesdienst, Sommerwind, blauer Himmel, Herbstlaub, Schneelandschaft, Marja, Bildung, Fotos, Skype, Late Checkout, Bananensplit, Sprühflaschen, keine Rechnungen im Briefkasten … Und wenn ich erst mal damit anfange, bin ich jedes Mal neu überrascht, wie viele Dinge es tatsächlich gibt, für die ich dankbar bin.

Die Liste ist beinahe endlos weiterzuführen und hilft mir immer wieder, mir all das Gute vor Augen zu halten, auch wenn ich mich oft erst dazu motivieren muss. Das soll nicht heißen, dass die Welt für mich in Ordnung ist, wenn ich mich auf das Gute um mich herum konzentriere. Aber mein Tunnelblick beginnt sich zu erweitern.

Es ist tatsächlich so, dass ich jeden Tag schöne Erlebnisse habe: mal Gründe zum Lachen, mal tief gehende Gespräche, Herausforderungen und Belohnungen, ich bekomme und gebe hoffentlich viel Liebe. Die negativen Dinge, die ebenfalls täglich da sind, verdränge ich möglichst – nicht in dem Sinne, dass ich sie einfach nur wegschiebe, sondern ich räume ihnen einfach nicht mehr Wichtigkeit ein, als ich ihnen zugestehen will, und setze ihnen etwas Positives entgegen.

Erst kürzlich hat mir ein Mädchen-Jugendkreis berichtet, dass sie nach der Lektüre meiner Dankbarkeitsliste nun ebenfalls einmal im Monat eine solche anfertigen, weil sie immer wieder neu überrascht und einfach guttut. Der Journalist und Autor Christoph Koch hat sich für sein Buch „Sternhagelglücklich. Wie ich versuchte, der zufriedenste Mensch der Welt zu werden" in der ganzen Welt nach Möglichkeiten und Methoden umgesehen, um glücklich zu werden. Und tatsächlich, eines seiner drei nachhaltigsten Glücks-Geheimnisse ist eine ebensolche Dankbarkeitsliste.[23]

Doch selbst eine Dankbarkeitsliste ist immer selbstmanipulativ und damit theoretisch. Beziehungsweise, wenn man ehrlich ist, kommt einem Dank wirklich nur schwer über die Lippen, wenn man so richtig übel drauf ist. Wenn gerade die Mutter gestorben ist, kann man nicht einfach übergangslos dankbar sein. Um sich der Dankbarkeit trotzdem zu nähern, muss man vielleicht etwas kleiner anfangen.

Ähnlich wie bei der Problembewältigung muss ja zunächst einmal die richtige Wahrnehmung des Problems stehen, um dessen Lösung überhaupt in Angriff nehmen zu können. Ein solcher kleiner Anfang könnte es vielleicht sein, zu akzeptieren, dass 90 oder vielleicht auch 99 % der aktuellen Situation beschissen oder schlecht sind, und sich damit gleichsam vor Augen zu führen, dass also 10 oder wenigstens 1 % gut sein müssen. Bevor es also zu euphorisch lobender Dankbarkeit kommen kann, muss zunächst die schlichte Wahrnehmung des Guten stattfinden. Im Optimalfall folgt dann irgendwann die Freude über das Gute. Und als Nächstes die Dankbarkeit.

Ein bisschen schwierig ist für mich die Vorstellung, einfach so in den luftleeren Raum dankbar zu sein – wie ein Brief ohne Empfänger. Für viele ist es vielleicht das Leben an sich, dem sie dankbar sind, oder das Universum – für mich sind es die Menschen, die Natur oder zusammengefasst: der eine Zuschauer aus Frankls Bild.

Dem Verstand mag es ausreichen, Dinge lediglich zur Kenntnis zu nehmen, die Seele aber kann die Dinge, die sie sich aneignen möchte, nur durch Dankbarkeit aufnehmen und bewahren. (Martin Schleske)[24]

Vergebung

Die Geschichte der Holländerin Corrie ten Boom gehört wohl zu den eindrücklichsten Zeugnissen für die Kraft der Vergebung. Sie überlebte das KZ Ravensbrück, wo sie gelandet war, weil ihre Familie Juden in ihrem Haus versteckt hatte. Nach dem Krieg predigte sie in einer Kirche, und nach dieser Veranstaltung kam ein Mann auf sie zu.

In diesem Moment sehe ich den Mantel, die blaue Uniform. Ich sehe den großen Raum, in dem wir uns nackt ausziehen mussten. Die Schuhe und die Kleider am Boden. Ich erinnere mich an die Scham, an meine ausgemergelte Schwester, deren Rippen unter der pergamentartigen Haut hervortraten. Meine Schwester überlebte das Konzentrationslager nicht. Unter anderem wegen diesem Mann mit der Jagdpeitsche, die in seinem Gürtel steckte. Mein Blut schien zu gefrieren.

Er sagte: „Sie sprachen von Ravensbrück. Ich war Wächter dort. Inzwischen bin ich Christ geworden." Er streckte mir seine Hand entgegen und fragte: „Werden Sie mir vergeben?"

Sekunden stand ich wie gelähmt vor diesem Mann, doch es kam mir vor, als wären es Stunden. Ich kämpfte in meinem Inneren: Meine Schwester war elend und langsam gestorben. Nach dem Krieg hatte ich ein Heim für Naziopfer eröffnet. Ich erlebte dort, dass die, die vergeben konnten, innerlich frei wurden, egal, welche körperlichen Schäden sie hatten. Die, die an ihrer Bitterkeit festhielten, blieben jedoch Invaliden.

Nun war es an mir.

Ich stand immer noch vor dem Mann. Kälte umklammerte mein Herz. Doch Vergebung ist kein Gefühl, sondern in erster Linie ein Akt des Willens. Mit einer mechanischen Bewegung legte ich meine Hand in die Hand, die sich mir entgegenstreckte.

Dann geschah etwas Unglaubliches! Ein heißer Strom entsprang in meiner Schulter. Er lief meinen Arm entlang und sprang über in unsere beiden Hände. Mein ganzes Sein wurde von dieser heilenden Wärme durchflutet. Ich hatte plötzlich Tränen in den Augen und konnte sagen: „Ich vergebe dir! Ich vergebe dir von ganzem Herzen."[25]

Es gibt viele solcher Geschichten. Auf einer Veranstaltung erzählte mir ein Mann, dass seine von Depressionen zerrüttete Mutter versucht hatte, ihn zu erhängen, als er zehn Jahre alt war. Er war, nicht nur durch diesen Gipfel einer schweren Kindheit, total traumatisiert. Punkrock-Musik zu hören half ihm ein wenig, aber das blieb nur oberflächlich.

Erst als er der Mutter vergeben konnte, fing bei ihm ein innerer Heilungsprozess an, und auch die Mutter kam in der Folge immer mehr „in Ordnung".

Auch für mich war Vergebung ein überlebenswichtiger Stehaufwert. Ich musste mir selbst vergeben, dass ich entgegen meines Bauchgefühls die blöde Wette angenommen habe. Ich musste möglichen „Mitverschuldern" vergeben, ich musste den Ärzten vergeben, die laut ihrer eigenen Kollegen verheerende und fragwürdige Entscheidungen getroffen hatten. Und irgendwie auch Gott, der mich so fallen gelassen hatte.

Vergebung ist, wie Corrie ten Boom schon sagte, eine Entscheidung und ein Prozess. Man vergibt nicht einmal und für immer, sondern immer neu und immer anders.

Ich bin ziemlich viel und ziemlich oft von Menschen umgeben, da ist es unvermeidlich, dass Dinge auch mal schiefgehen, man sich gegenseitig verärgert und verletzt. Wenn man anderen Leuten etwas nachträgt, was man nicht vergeben kann oder will, ist man selbst derjenige, der die Last schleppt. Und bringen tut das überhaupt niemandem etwas. Loslassen und vergeben befreit und macht das Leben leichter. Und auch wenn ich etwas falsch gemacht habe, ist es einfach gut, die betroffenen Menschen und Gott um Vergebung bitten zu können und sie auch gewährt zu bekommen.

Ganz im Gegensatz zu einem der lebenslänglich verurteilten Mörder, den ich letzten Sommer bei einem Besuch im Gefängnis kennenlernte. Ich erfuhr, dass er die Vorhänge an dem kleinen Fenster in seiner Zelle immer zuzieht, weil er der Meinung ist, dass er das Recht auf Sonnenlicht verwirkt hat. So schwer lastet die Schuld seines Verbrechens auf ihm. (Inzwischen habe ich gehört, dass er nun seit etwa 8 Jahren Haftzeit zum ersten Mal beim Freigang im Hof mit nacktem Oberkörper in der Sonne liegend beobachtet worden ist. Das hat mich irgendwie gefreut!)

Ein Geheimnis von Resilienz ist es, Lasten loszuwerden, die einen am Aufstehen und Weitermachen hindern. Christen zum Beispiel machen sich's da einfach, indem sie sich ihrer Lasten getreu dem Vers 1. Petrus 5,7: „Alle eure Sorgen werft auf ihn ..." entledigen. Sowie Vergebung in Anspruch nehmen, die quasi an jeder Ecke ohne Gegenleistung angeboten wird, in Form von Jesus im Neuen Testament.

Das ist ein bisschen so, als wenn man beispielsweise einen Schuldenschnitt mit Griechenland machen und alle Schulden erlassen könnte. Das wäre toll, aber nicht gerecht. Kommt jetzt aber ein drittes Land hinzu, sagen wir mal Madagaskar – obwohl das ein schlechtes Beispiel ist, weil Madagaskar kein Geld hat, aber der Name klingt schön –, und sagt: „Ich bezahle alle griechischen Schulden", dann wären alle happy.

Die Christen haben mit Jesus so eine Art Madagaskar. Jemanden, der freiwillig die Hand gehoben und gesagt hat: „Ich übernehme das, die ganzen Altlasten und Fehler und Schulden. Ist alles erledigt. Ihr müsst euch damit nicht mehr abschleppen."

So einfach ist das.

(siehe auch ⇨ Versöhnung und ⇨ Loslassen)

Versöhnung

Um mit einer unschönen Situation, einer harten Diagnose oder einem Schicksalsschlag konstruktiv umzugehen, muss man zuerst mal das Unabänderliche akzeptieren, so das Credo der Resilienzforschung. Und so wurde es mir auch schon kurz nach meinem Unfall in der Reha-Klinik eingetrichtert.

Grundsätzlich ist es natürlich richtig, dass es wenig Sinn macht, sich gegen die Tatsachen zu wehren und zu wünschen, alles wäre anders. Sich an Wunschvorstellungen zu klammern oder in die „Hätte, hätte, Fahrradkette"-Falle zu tappen, wo man sich immer wieder ausmalt, was man hätte anders machen können und sollen, um dieses und jenes zu verhindern, führt zu nichts außer Traurigkeit und einem verdrehten Hals.

Dass das Akzeptieren einer Krankheit, einer veränderten Lebenssituation nicht von selbst und auch nicht von jetzt auf gleich geht, ist wohl jedem klar. Ganz zu Anfang nach dem Unfall habe ich mich – leider nicht mit Händen und Füßen, sondern nur verbal – geweigert, meinen Zustand zu akzeptieren. Ich klammerte mich mit aller Kraft an die sture Überzeugung, dass ich diese Klinik wieder auf meinen eigenen Beinen verlassen würde. Als mir mein erster Rollstuhl angepasst werden sollte, schickte ich die Orthopäden und Mechaniker weg und erklärte im Brustton der Überzeugung, dass ich den nicht brauchen werde. Diese Art der Leugnung und des Nicht-wahrhaben-Wollens klingt rückblickend vielleicht ein bisschen grün, ist aber eine der ganz normalen Phasen eines Trauerprozesses, die wohl so ziemlich jeder durchläuft, der mit einem Schicksalsschlag fertig werden muss.

Aber nach einer Weile merkte ich, dass ich in einer Art dauerndem Kriegszustand mit mir selbst lebte. Ich habe mit allem, was ich hatte, gekämpft und gerungen, ich habe unentwegt für Heilung gebetet, die intensivsten Reha-Maßnahmen mitgemacht, versucht zu toppen und alles Mögliche ausprobiert, um doch noch etwas daran zu ändern, was vermeintlich nicht zu ändern war. Ich hatte das Gefühl, mein Körper oder seine Verletzung ist mein Feind, den es zu bekämpfen gilt. Diese Art von „Kriegsvokabular" wird ja

oft im Zusammenhang mit Krankheiten oder Schwierigkeiten verwendet: „Kämpfen", „schwere Geschütze auffahren", „Feind", „Besiegen"... Man kann aber nicht in einem ständigen Zustand der inneren Aufreibung leben und mit aller Kraft dagegen ankämpfen und anhoffen. Damit würde ich mich auf die Dauer wahnsinnig machen – und alle anderen um mich herum gleich mit.

Dieses eindimensionale Scheuklappen-Hoffen, das nur auf einen möglichen Ausgang gerichtet ist, ein einziges Ziel, könnte langfristig eher schädlich sein. Ganz gleich, ob bei Querschnittlähmung oder Liebeskummer.

(siehe auch ⇨ *Hoffnung)*

Irgendwann wurde mir klar, dass ich nicht all meine Kraft, Energie und Aufmerksamkeit in den verbissenen Kampf um Heilung investieren kann und will. Das Hier und Jetzt fiel dabei nämlich völlig hinten runter, ich war gar nicht mehr in der Gegenwart präsent, und dabei ist das die einzige Dimension, in der sich zu leben lohnt. Und da begann ein langsamer Prozess des Umdenkens. Der Anfang der Akzeptanz.

Gleichzeitig hat für mich „Akzeptanz" leider auch immer einen negativen Beiklang. Sich an den Status quo zu gewöhnen und sich damit abzufinden, das klingt für mich verdächtig nach Aufgeben. Wie eine düstere Abwärtsspirale: annehmen – abfinden – aufgeben. Und an diesem Punkt bin ich noch lange nicht angelangt.

Mit der Akzeptanz ist es ein bisschen wie mit der Toleranz: Kann eine gute Sache sein, wenn man sie mit Leben füllt – oder eben auch nicht, wenn sie nur besagt: „Mir ist alles egal."

Ich höre bei und nach meinen Vorträgen und Konzertlesungen oft die Geschichten von Menschen, denen das Leben ziemlich übel mitgespielt hat. Viele von ihnen gehen mit dem Päckchen oder auch „Sperrgut", das sie zu schleppen haben, bewundernswert positiv um. Doch ab und zu begegne ich auch Leuten, die in eine von zwei Sackgassen der Akzeptanz abgebogen sind: Resignation oder Überidentifikation.

Resignation ist quasi das „Einverständnis zum Liegenbleiben". Wenn man nach dem Akzeptieren eines Zustands einfach nicht mehr weitergeht, sondern aufgibt, nichts mehr machen, bewegen, verbessern will. Sich einfach dem Schicksal ergibt. Ich kann das verstehen; zum Beispiel würde ich auch oft gern einfach in meiner Wohnung bleiben, wo mich niemand anstarrt, es schön warm ist und ich bequem eingerichtet bin. Es kostet viel Kraft, sich dann dennoch aufzuraffen und rauszugehen und am Leben teilzunehmen, und ich kann nur zu gut nachvollziehen, wenn Menschen irgendwann diese Kraft nicht mehr aufbringen. Deshalb haben meine Freunde die „Lizenz zum Gesäßtritt", sprich, sie haben den ausdrücklichen Auftrag, mich gern auch mal gegen meine aktuelle Befindlichkeit hinauszuzerren und zu meinem Glück zu zwingen. Eine grundsätzliche Resignation habe ich aber Gott sei Dank noch nicht verspürt; dazu bin ich viel zu abenteuerlustig und neugierig darauf, was das Leben noch alles zu bieten hat.

Die zweite und aus meiner Sicht noch fatalere Sackgasse ist die Überidentifikation mit einem Problem oder Schicksalsschlag.

Kürzlich sprach ich mit einem 16-jährigen Mädchen, das von einer Psychologin die Diagnose „chronische Depression" erhalten hatte. Ich war fassungslos darüber, dass man über einen pubertierenden Teenager, dessen Hormone, Gefühle und Gehirnzellen bekanntermaßen in dieser Zeit gewaltigen Umbaumaßnahmen unterliegen, ein solches endgültig klingendes Urteil fällt. Eine andere Kinder- und Jugendpsychologin wiederum erklärte mir dann, dass sie solche Diagnosen in die Krankenakte schreiben muss, damit die Versicherung die Therapie bezahlt – das ist zwar ein Grund, aber kein guter! Sie fand außerdem, dass dies ein Zeichen dafür sei, dass sie die Probleme ihrer Patienten ernst nehme. Ich finde eher, dass sich das nach einer Brandmarkung anhört. In der Integrativen Heilpädagogik spricht man hier von einem Ressourcen-Etikettierungs-Dilemma.

Im Gespräch fiel mir rasch auf, dass das Mädchen auffällig selbstbewusst und fast schon stolz über ihr Problem sprach und es beinahe liebevoll „meine Depression" nannte. Sicher, es gibt ja das geflügelte Wort „Kannst du deinen Feind nicht besiegen, dann verbünde dich mit ihm". Aber einen depressiven Zustand so in Besitz zu nehmen beziehungsweise sich so stark von ihm festlegen zu lassen, das geht dann doch ein bisschen weit. So wird ein eventuell nur vorübergehender Zustand am Ende so „gestreichelt und gepflegt", dass man ihn nicht mehr loswird. Morgens muss ich nach dem Aufstehen erst mal gucken, wie es „meiner" Depression geht und ob ich überhaupt in der Lage bin, das Haus zu verlassen, geschweige denn zur Arbeit oder zur Schule zu gehen. Deutschland, das Land mit den meisten Krankheits-Begriffen, dem meisten Geld, dem besten Lebensstandard... und den höchsten Depressionszahlen.

Jeder regt sich (zu recht!) darüber auf, wenn in Krankenhäusern die Patienten nicht mit Namen, sondern nur über eine Zustandsbeschreibung zugeordnet werden („Der Querschnitt von Zimmer 3", „Der Blinddarm auf der 12"). Aber selbst legt man sich anscheinend ganz gern auf etwas fest. Dabei sagte schon der lustige Luther: „Wir kommen nie aus den Traurigkeiten heraus, wenn wir uns ständig den Puls fühlen."

Sven, der todkranke Mann, den ich in „Draußen in meinem Kopf" spielen durfte, sagt hingegen sinngemäß: „Ich *habe* eine Krankheit, aber ich *bin* nicht krank."

Akzeptanz im Sinne von „die Hoffnung aufgeben" oder „Schicksalsergebenheit" wird es bei mir nicht geben. Das spreche ich mir an dieser Stelle einfach mal schwarz auf weiß selbst zu. Es wird mir auch nie egal sein, dass ich mich nicht bewegen kann. Und mit Akzeptanz allein ist es aus meiner Sicht ohnehin nicht getan. Auch hier brauche ich etwas Stärkeres, um nicht zu resignieren.

Ich habe überall gesucht, aber nur im Christentum schlägt der Rädelsführer vor, unsere Feinde zu lieben. Das habe ich mir zu Herzen genommen und angefangen, es in Bezug auf meinen Körper zu versuchen. Auch wenn er mir nicht mehr gehorcht und auch nicht mehr zu viel nütze ist, ist mein Körper ein Teil von mir, er braucht mich und ich brauche ihn. Und manchmal, wenn ich ihn anschaue, wie er da so traurig und abgemagert herumliegt, tut er mir sogar ein bisschen leid. Ich habe angefangen, gnädiger mit ihm und mit mir selbst zu werden. Weg von der zähneknirschenden Akzeptanz hin zu etwas Anderem, Größerem, Stärkerem: Versöhnung.

Der Beginn der Versöhnung mit meinem Zustand, meinem Nicht-Können, meinem Körper, meinen Möglichkeiten und letztlich meinem Leben, so wie es ist.

Jarem Sawatsky, der eine besonders perfide Krankheit namens „Huntington's Disease" hat, ist sogar noch einen Schritt weiter gegangen. Huntington's ist eine Art Kombination aus Parkinson und Alzheimer, die nach und nach alle seine körperlichen und geistigen Fähigkeiten zerstören wird. Noch befindet er sich im Frühstadium der Krankheit und hat über seinen Umgang damit ein bemerkenswertes Buch mit dem Titel „Dancing With Elephants" geschrieben[26]. Darin sagt er: „Den Kampf gegen meine Verluste kann ich nicht gewinnen. Stattdessen versuche ich meinen Symptomen zu sagen: *Ich werde euch nicht wie einen Feind behandeln. Ich kenne euch. Ich bin ihr. Ihr seid hier willkommen.* Sich mit dem Feind zu verbrüdern bedeutet, die Ebene der Angst loszulassen, damit ein anderer, heilsamerer Horizont hervorkommen kann. Wovor haben Sie Angst? Sprechen Sie es an, heißen Sie es willkommen und ersetzen Sie die Angst durch leidenschaftliche Neugier."

Klingt irgendwie nicht nach Opferrolle. Und auch nicht nach bloßer Akzeptanz. Akzeptanz ist passiv, Versöhnung ist aktiv. Positiv und lebendig.

Loslassen

Nach der langen Zeit der Reha war es für mich ein ganz entscheidender Schritt, zurück an die Schauspielschule nach Hannover zu gehen, an der ich vor dem Unfall zu studieren begonnen hatte. In der Reha und danach zu Hause hatte ich mich die ganze Zeit in einer Sondersituation befunden, weit ab von allem, was vorher gewesen war. Meinen Zustand zu akzeptieren war dort schon schwer genug, aber irgendwie machbar.

Zurück in Hannover musste ich mich noch einmal ganz neu den Konsequenzen und Veränderungen stellen. Ich wurde sozusagen mit dem Worst Case-Szenario konfrontiert – hatte mich das Studium doch ursprünglich vor allem deshalb begeistert, weil es so „körperlastig" war. Reiten, Fechten, Akrobatik, Tanzen … und nun musste ich mich der Tatsache stellen, dass ich scheinbar „alles" nicht mehr konnte. *Ich sitze als Einziger im Studio, während alle anderen hüpfen, springen, rumrennen und versuchen, ihre unbeweglichen Körper irgendwie durch den Raum zu schlenkern – nur ich bin noch unbeweglicher.*

Diese radikale Konfrontation war natürlich ekelhaft und schmerzhaft, hat mich aber rückblickend reichlich nach vorn gebracht. Möglicherweise war der totale Zusammenbruch meiner Vorstellungen auch eine Chance. Ich glaube sogar, dass es im wahrsten Sinne des Wortes notwendig war, denn von der Not wendete ich mich ab, indem ich im Rahmen des Schauspielstudiums an Rollen und vor allem an mir selbst arbeitete. Mich mit meinem Unvermögen, aber eben auch Vermögen auseinandersetzte. Dabei musste ich lernen, mich darauf zu konzentrieren: „Was kann ich?", statt ständig damit konfrontiert zu werden: „Was kann ich nicht?"

Schon im Studium hatte ich eine blinde und damit besonders sensitive Feldenkrais-Lehrerin; kurz darauf in der Reha kam ebenfalls eine Feldenkrais-Dame in mein Zimmer spaziert, und spätestens als dann auch noch Hirnforscher Hüther von deren jüdischem Vorbild und Bewegungslehrer Moshé Feldenkrais erzählte, habe ich versucht, noch mal genauer hinzuhören.

Moshé Feldenkrais hatte bei der Rehabilitation von Schlaganfallpatienten großartige Ergebnisse erzielt, indem er nicht versuchte, die Patienten wieder zu ihren alten Bewegungsmustern zurückzuführen, sondern diese komplett „gelöscht und neu installiert" hat – im Grunde das, was bei mir auch passiert ist (nur NOCH ohne Neuinstallation):

Die Älteren unter uns kennen noch die Tastenfolge Steuerung – Alt – Entfernen auf dem Computer, oder bei englischen Computertastaturen Control – Alt – Delete. Auch ich erlitt einen herben Kontrollverlust und musste die Steuerung loslassen, ich hatte keine „Alt" (Alternative), und deshalb wurde alles bisher Gespeicherte und Erarbeitete entfernt. Drückt man diese Tasten in Kombination, bewirkt man einen forcierten Systemabsturz und daraufhin einen Neustart. Zurück zu den Werkseinstellungen. Genau das ist bei mir passiert.

Im Schauspielstudium war das ein erklärtes Ziel: Den Menschen zu löschen, ihn ganz neu zu starten und aus dem Rohling etwas Vielfältiges zu formen.

Bei unserem eingangs geschilderten Treffen hatte Gerald Hüther davon gesprochen, dass es schwer ist, ein vermeintlich funktionierendes Bewältigungsmuster loszulassen – die Autobahn zu verlassen, um die zugewachsene Landstraße wiederzufinden. Nur wenn der bisherige Lebensentwurf komplett auf den Kopf gestellt wird, ist es seiner Meinung nach möglich, die Begrenztheit der bisherigen Vorstellungen und Überzeugungen zu erkennen und nach neuen Werten zu suchen. Wenn der Schmerz sich aber in Grenzen hält und irgendwie wegzudrängen ist, sodass man doch so weitermachen kann wie bisher, versuchen die meisten Menschen ihre bis dahin verfolgten Vorstellungen nur noch hartnäckiger zu verfolgen und umzusetzen. In meinem Fall beim besten Willen schwierig.

Ich habe auch und gerade durch das Schauspielstudium gemerkt, dass in der Reduktion viel Schönheit liegt. Zwar liegt in dem gängigen Sprichwort „Mehr ist mehr" irgendwie viel Wahrheitsgehalt, jedoch ist an „Weniger ist mehr" auch was dran. Und wirklich ist es gerade in der Schauspielerei oft die ganz reduzierte Darstellung, das subtile Spiel mit Mimik und Ausdruck, das am intensivsten beim Zuschauer ankommt.

In dem Kafka-Stück „Bericht für eine Akademie" spielen mein Kollege Robert Lang und ich, mit Panzertape aneinandergeklebt, die zwei Persönlichkeitsanteile eines Affen, der sich in einen Menschen verwandelt hat. Dieser Affe, Rotpeter genannt, sagt über seine Menschwerdung: „Diese Leistung wäre unmöglich gewesen, wenn ich eigensinnig hätte an meinem Ursprung, an den Erinnerungen der Jugend festhalten wollen. Gerade Verzicht auf jeden Eigensinn war das oberste Gebot, das ich mir auferlegt hatte."

Auf dem scheinbaren „Nichts", das mir an Möglichkeiten noch geblieben schien, fing etwas Neues an zu wachsen.

Man kennt ja die entsprechenden Sprüche: *Wer nichts weiß, kann viel lernen; nur ein leeres Glas kann man füllen*, blabla. Eine entscheidende Sache musste ich dazu begreifen: Wir gehen ja trotz aller gegenteiligen Beweise immer

davon aus, dass das Leben eigentlich gut laufen sollte und Probleme oder Herausforderungen lästige Störungen in diesem Zustand sind, die man möglichst rasch betäuben oder beseitigen muss, um weitermachen zu können. Aber wenn man auf die Annahme hereinfällt, dass das Leben einem irgendwie etwas schuldig ist oder dass der Normalzustand wäre, dass man sich gut fühlt, kann man nur unglücklich werden. Das Leben ist eine Aneinanderreihung von Schwierigkeiten und schmerzhaften Erfahrungen, und es hat überhaupt keinen Sinn, ihnen ausweichen zu wollen.

Je mehr man versucht, sich gut zu fühlen, desto unbefriedigender ist alles – weil man, indem man einer Sache fieberhaft nachjagt, im Grunde nur immer wieder bestätigt, dass sie einem fehlt. Wenn man alles genau so haben muss, wie man es sich vorgestellt hat, wird voraussichtlich alles ein Problem.

Kürzlich besuchte ich die wirklich sehr reizende Familie der kleinen Elva, die von Geburt an eine Lähmung hat. Ihre Mama erzählte mir zu dem Thema „So hatte ich mir das nicht vorgestellt" eine Geschichte, die ihr schon oft im Alltag geholfen hat:

Wenn man ein Kind erwartet, ist das ein bisschen so, als würde man eine herrliche Urlaubsreise planen. Zum Beispiel nach Italien. Schon immer wolltest du dieses Land sehen. Jeder hat dir erzählt, wie wunderbar es dort ist. Du schaffst

dir einen Haufen Reiseführer an und beginnst, die schönsten Pläne zu schmieden, was du alles sehen willst: das Kolos-
seum, den David von Michelangelo, die Gondeln in Venedig.
Du lernst schon mal ein paar Sätze auf Italienisch. Es ist alles
so aufregend!

Nach Monaten der eifrigen Vorbereitung ist es dann endlich so weit. Du packst die Koffer, und los geht es. Einige Stunden später landet das Flugzeug. Die Flugbegleiterin sagt:
„Willkommen in Holland!"

„Holland?", rufst du aus. „Was soll das heißen, Holland? Ich
wollte doch nach Italien! Ich muss nach Italien! Mein ganzes
Leben lang träume ich schon von Italien!"

Doch es hat eine Änderung im Flugplan gegeben. Die Maschine ist in Holland gelandet, und du kannst nichts dagegen
machen.

Das Gute ist, du bist nicht an irgendeinem schrecklichen,
hässlichen, üblen Ort voller Krankheiten, Hunger und Not ge-
strandet. Nur an einem anderen als geplant. Also musst du
jetzt losgehen und dir neue Reiseführer besorgen. Und du
musst eine komplett neue Sprache lernen. Und du wirst eine
ganze Menge neuer Leute treffen, denen du sonst nie begegnet wärst.

Es ist einfach ein anderer Ort. Das Tempo ist ein bisschen
langsamer als in Italien. Vielleicht hat es auch nicht denselben Flair und Chic. Aber wenn du erst mal eine Weile dort

gewesen und wieder zu Atem gekommen bist, fängst du an
zu bemerken, dass es in Holland diese schönen Windmühlen
gibt. Und Holland hat sensationelle Tulpen. Und Holland hat
sogar Rembrandt.

Aber immer noch schwärmt dir gefühlt jeder von Italien
vor. Wie schön es ist, was für eine tolle Zeit sie dort hatten.
Und für den Rest deines Lebens denkst du: „Ja, das war es, wo
ich eigentlich hin wollte. Das war es, was ich geplant hatte."

Und der Schmerz darüber wird niemals vergehen. Weil der
Verlust dieses Traums ja auch real und schmerzhaft ist. Aber
wenn du dein Leben damit verbringst, darüber zu trauern,
dass du nicht in Italien gelandet bist, dann wirst du vermut-
lich nie die ganz eigene, besondere, liebenswerte Schönheit
von Holland genießen können.[27]

Langmut

Eine Freundin von mir
hat mir erzählt, dass ihre
Tochter in der zweiten
Klasse den „Füllerführer-
schein" machen musste. Eine
ganze Woche lang machten die
Kinder Schwungübungen, bekamen das Wechseln der Pa-
tronen erklärt etc., bevor sie dann offiziell den Füller das

erste Mal benutzen durften. Und so geht es immer weiter: Seepferdchen, Freischwimmer, Mofaführerschein ... **Für alles gibt es heutzutage Kurse, Scheine und Seminare; Kinder lernen in der Vorschule schon Englisch oder gar Chinesisch und werden auf alles Mögliche penibel vorbereitet, nur leider meist nicht auf das wahre Leben.**

Dabei müsste die Vorbereitung auf Leid, Krankheit und Sterben eigentlich Pflichtfach werden, denn statistisch gesehen wird mindestens eines davon jeden Menschen früher oder später treffen. Verpflichtende Schulfächer haben natürlich irgendwo ihre Berechtigung, aber wäre nicht auch ein „Wehrpflicht"-Fach sinnvoll, in dem man lernt, sich gegen Dinge zu wehren? Würde das einen nicht besser auf das wahre Leben vorbereiten, als die Binomischen Formeln oder das Periodensystem auswendig zu lernen?

Kunst, Kultur, Gemeinschaft – diese Dinge sind die wichtigste Grundlage zur Identifikation, viel wichtiger als Schulnoten, doch sie werden nicht erst seit der Einführung der G8 in der Schule eher erschwert als gelehrt.

Ich habe schon öfter dafür plädiert, Sozialdienst – eine Art „Dienst an der Gesellschaft" – (wieder) einzuführen. Und bei Bewerbungen wäre es doch schön, wenn es als Kompetenz anerkannt würde, wenn jemand die kranken Eltern gepflegt hat oder mit einem behinderten Bruder aufgewachsen ist.

Deshalb kommt hier ein weiterer altmodischer Begriff ins Spiel: Langmut. Klingt nicht nur schön, sondern wird auch beim guten Duden ganz entzückend erklärt: „durch ruhiges, beherrschtes, nachsichtiges Ertragen oder Abwarten von etwas gekennzeichnete Verhaltensweise; große Geduld."

Die innere Haltung, suboptimale Dinge auch einfach mal zu *ertragen*, ist nicht mehr so in Mode, deshalb lernt man es auch nirgends. Vielleicht auch ein Symptom der Wegwerfgesellschaft. Man will Schmerzen und unangenehme Gefühle lieber rasch weghaben und betäuben, schluckt sofort Schmerzmittel, nimmt Bachblüten, besucht Seminare, sucht hektisch nach Lösungswegen, um sich wieder gut zu fühlen.

Aber: Der einzige Weg, um mit Schmerzen klarzukommen, ist eben manchmal, sie zu ertragen.

Etwas zu ertragen ist nicht gleichbedeutend mit „ihm hilflos ausgeliefert sein". Ertragen ist auch etwas anderes als Schicksalsergebenheit, Opfermentalität, Passivität oder Antriebslosigkeit. Sondern es ist (m)eine bewusste Entscheidung.

Es gibt einen entscheidenden Unterschied zwischen „zu lösenden Problemen" und „zu managenden unabänderlichen Zuständen" – bei Letzterem macht man sich mit dem ständigen Versuch einer Lösung eher wahnsinnig. Das erklärt wohl auch den Bekannt- und Beliebtheitsgrad des berühmten Gelassenheitsgebets von Reinhold Niebuhr:

Gott, gib mir die Gelassenheit, Dinge hinzunehmen,
die ich nicht ändern kann,
den Mut, Dinge zu ändern, die ich ändern kann,
und die Weisheit, das eine vom anderen zu unterscheiden.

Schmerz, so habe ich bereits beim Turntraining gelernt, ist etwas Gutes. Wenn man seine Grenzen erweitern will, wenn die Muskeln wachsen sollen, die Bänder gedehnt werden, eine neue Übung erlernt werden soll, dann ist Schmerz unvermeidlich und unverzichtbar. Man muss ihn würdigen, ihm zuhören – und lernen, trotz Schmerzen zu handeln. Das gilt auch für psychischen Schmerz.

Mittlerweile weiß ich, dass Schmerz sogar wichtig oder lebensnotwendig sein kann, als Warnsignal oder sogar als Lebenszeichen – ausgenommen Parästhesien und Phantomschmerzen, die finde ich extrem eklig und da bin ich mir nicht so sicher. Aber wenn man zum Beispiel Erfrierungen erleidet, und es tut dann irgendwann nicht mehr weh, ist das Gewebe tot.

Solange es wehtut, lebt's.

Bei manchen Teilen meines Körpers würde ich daher Schmerzen begrüßen.

Ich habe mich bewusst gegen die Einnahme von Schmerzmitteln entschieden und nehme auch keine Medikamente, die Muskelkrämpfe unterdrücken, die aufgrund meines

Zustands auftreten können. Einem gelähmten Körper Präparate zuzuführen, die eine lähmende Wirkung haben, finde ich irgendwie pervers. Deshalb dulde ich einfach, dass ab und zu Arme und Beine verkrampfen, auch wenn das manchmal unpassend oder unangenehm ist. So bewegen sie sich wenigstens mal.

Schmerz zeigt an, dass eine Grenze überschritten wurde – physisch oder psychisch. Aber das muss nichts Schlechtes sein und schon gar nichts, das man vermeiden kann, wenn man sich weiterentwickeln will. „Leid und Schmerz ist das bevorzugte Mittel der Natur, um Veränderung herbeizuführen. Nur ein mehr oder weniger unzufriedenes und unsicheres Geschöpf wird die Aufgabe anpacken, Neues zu erfinden und zu überleben", sagt Mark Manson[28].

Alles, was etwas wert ist im Leben, hat auch negative Seiten. Eine sportliche Höchstleistung kostet eine Menge Blut, Schweiß und Tränen. Eine Geburt ist schmerzhaft und gefährlich. Eine langjährige Ehe kostet leidvolle Erfahrungen und viel Arbeit. (Hab ich gehört ☺.) Ohne Fleiß kein Preis – der Versuch, Schmerz zu vermeiden, führt höchstens zu einer anderen Art von Schmerz, zum Beispiel Einsamkeit oder Unerfülltheit.

Blöderweise lernt man Durchhalten wohl nur durch Durchhalten. Das ist jedenfalls meine Erfahrung: Wenn ich Gott um Geduld bitte, schenkt er mir nicht einfach auf wundersame Weise die begehrte Engelsgeduld, sondern er schickt mir netterweise eher Situationen, in denen ich Geduld lernen darf.

Leidvolle Erfahrungen und Schmerzen gehören einfach zum Leben dazu. Sie sind unvermeidlich, man kann ihnen nicht entkommen. In dem Moment, in dem man sie erlebt, fühlen sie sich schmerzhaft und negativ an – aber das hat vielleicht gar nicht so viel zu sagen.

Viktor Frankl setzte noch einen drauf, indem er die These aufstellte: Wenn jemand von schwerem Leid betroffen ist, das sich nicht abwenden oder bessern lässt – könnte es sein, dass die Haltung und die Art, mit der er dieses Leid trägt und erträgt, seine ganz spezielle Aufgabe im Leben ist?

(siehe auch ⇨ Erinnerung und ⇨ Disziplin)

Gemeinschaft

„Netzwerkorientierung" ist ein weiterer Begriff, der Resilienz-Willigen gern um die Ohren gehauen wird. Ihnen wird empfohlen, sich funktionale Netzwerke aufzubauen, damit sie immer jemanden haben, der ihnen zuhört und hilft, eine Lösung für die unterschiedlichsten Probleme zu finden. Man soll lernen, in den Aufbau eines „sozialen Auffangnetzes" zu investieren. Und irgendwie sollte man dazu eventuell auch ein bisschen an seiner eigenen Beziehungskompetenz arbeiten.

Das wäre beinahe lustig – wenn es nicht ernst gemeint wäre. Schon der Begriff „Netzwerkorientierung" klingt so technisch, als wären Beziehungen nur so eine Art soziale Ressource, die man beliebig für die Selbstoptimierung anzapfen und nutzen kann. Diese kapitalistische und egoistische Sichtweise von der Rolle anderer Menschen in unserem Leben verwirrt mich.

Doch fangen wir erst mal beim Grundsätzlichen an. Richtig ist, dass niemand allein überleben kann, und schon gar nicht dann, wenn er schwere Zeiten im Leben durchmacht und nach Schicksalsschlägen versucht, wieder einen Fuß auf den Boden zu kriegen. Wir brauchen die Gemeinschaft mit anderen Menschen zum leben. So sind wir gemacht. Es ist unsere Natur.

Jeder Mensch ist von Anfang an auf Verbundenheit hin angelegt. Das ist sein größtes Grundbedürfnis neben dem Wachstum. Anders als Tiere, die großzügig mit Instinkten ausgestattet sind, werden wir erst durch den Kontakt mit anderen Menschen zu Menschen.

In der Zeit nach meinem Unfall habe ich die Überlebenswichtigkeit des sogenannten „sozialen Auffangnetzes" verschärft zu spüren bekommen. Angefangen bei den Ersthelfern, ohne die ich gar nicht überlebt hätte, Ärzten und Krankenschwestern über Eltern, Geschwister und Freunde, Therapeuten und Techniker bis hin zu unzähligen mir völlig unbekannten Menschen, die mir Genesungswünsche, aufmunternde Karten und liebevolle Päckchen schickten – ich wurde aufgefangen von einem unglaublichen emotionalen Netz mit doppeltem Boden. In den unterschiedlichsten Bereichen haben Menschen mir geholfen und mich im wahrsten Sinne des Wortes durchgetragen, für mich gebetet, Hilfe organisiert, mir Dinge ermöglicht und mich immer wieder aufgemuntert und abgelenkt. Und auch jetzt noch bin ich darauf angewiesen, dass Menschen bei mir sind und mir helfen.

AAAABER!

Beziehungen sind keine Finanztransaktion. Ich „investiere" nicht „in soziale Netzwerke", um im Ernstfall abgesichert zu sein. Mag sein, dass diese renditeorientierte

Herangehensweise bei sogenannten „Zweckbeziehungen"
funktioniert: Wenn ich mich mit ein paar Leuten zu einer
Fahrgemeinschaft zusammentue, ist jeder mal dran, alle
sparen Geld und Benzin und kommen von A nach B. Auf dieser Ebene reicht ein „Netzwerk" völlig aus.

Aber das, was wir alle eigentlich zutiefst wollen und
brauchen, ist wieder einmal etwas Stärkeres, als der Resilienzcoach empfiehlt: nämlich echte, tiefe „Herzensfreundschaften", innige Liebesbeziehungen und eine warmherzige, Halt gebende Gemeinschaft. Solche Beziehungen sind
nicht zweckgebunden, sondern basieren auf dem zweckfreisten Wert von allen: Liebe.

Statt des technisch-statischen Begriffs „Netzwerk" gefällt
mir für die menschliche Gemeinschaft das biblische Bild von
einem Körper deshalb viel besser, der aus vielen Körperteilen besteht, die alle gleichermaßen wichtig sind und nicht
ohne einander funktionieren können. Jeder ist auf jeden angewiesen. Wenn ein Teil leidet, leiden alle – wenn einer sich
freut, freuen sich alle.[29]

Ich mag Menschen, und ganz besonders mag ich meine
Freunde, und *deshalb* investieren wir in die Beziehung zueinander, verbringen Zeit miteinander und sind füreinander da. Mein Herzensfreund Jonathan und ich zum Beispiel
haben einen festen Telefontermin am Montagmorgen zum
Wochenstart, damit wir uns im oft hektischen Alltag nicht

aus den Ohren verlieren. Wir tauschen uns über das aus, was in unserem Leben gerade los ist, berichten uns gegenseitig von wertvollen Gedanken, die wir gehört haben, und beten gemeinsam. Ich bemühe mich, trotz allem Trubel diesen Termin einzuhalten – aber nicht, weil ein schlauer Ratgeber mir „Netzwerkorientierung" empfohlen hat und ich darauf spekuliere, dass Jonathan mir irgendwann mal nützlich sein könnte. Sondern weil er mir wichtig ist, ich gern für ihn da bin, er mich sanft korrigiert ... und umgekehrt.

Ohne Gemeinschaft könnte ich rein physisch gar nicht überleben, aber auch psychisch und seelisch würde ich eingehen. Ich brauche ein Gegenüber, um meine Gedanken und Probleme mit jemandem zu teilen und neue Anregungen, Trost oder auch mal einen „Gesäßtritt" zu bekommen. Ohne dieses Reflektieren würden meine Gedanken sich oft nur im Kreis drehen und viel zu viel Raum in mir einnehmen.

Boris Cyrulnik, der französische Resilienz-Experte, entkam als Kind einem Nazi-Suchtrupp, indem er sich unter einer Leiche versteckte. Bis ins Erwachsenenalter erzählte er niemandem davon und sprach auch sonst nicht über seine traumatischen Kindheitserfahrungen. Rückblickend sagt er, dass das Nicht-Reden bei ihm mehr Schaden angerichtet hat als die Situation selbst.

Der schönste Sonnenuntergang ist nur halb so toll, wenn man ihn mit niemandem teilen kann. Und die meisten Dinge machen mit anderen nicht nur mehr Spaß, sondern können auch nur in Gemeinschaft getan werden. Um so etwas wie die Stiftung zu verwirklichen, an der wir gerade arbeiten, braucht man eine Gemeinschaft aus Gleichgesinnten. Allein würde ich gar nichts zustande bringen.

Die Kombination aus Verbundenheit und Freiheit in Beziehungen ist der Schlüssel zu einem gelingenden Leben, so bestätigt Gerald Hüther.

Es macht stark, wenn man gemeinsam mit anderen Menschen über sich hinauswachsen kann, statt die anderen zu benutzen, um sich selbst in seiner Bedürftigkeit zu bestärken. Kurz zusammengefasst nennt man auch das: Liebe.

Im Jahr 2016 durfte ich als Laudator den Darstellern der beliebten TV-Serie „Club der roten Bänder" einen Preis überreichen. Die Serie ist ein Paradebeispiel dafür, was Freundschaft in Sachen Resilienz bewegen kann. Die Serie basiert auf der wahren Geschichte von Albert Espinosa, der praktisch seine gesamte Kindheit in Krankenhäusern verbrachte, wo er gegen seine Krebserkrankung ankämpfte. Sein Film-Ich Leo wird in der Serie vom Einzelkämpfer zum Kopf einer kleinen Schicksalsgemeinschaft aus fünf Jugendlichen, die aus unterschiedlichen Gründen im Krankenhaus Dauergäste sind. Sie helfen sich gegenseitig, unterstützen

sich bei Problemen, sind bedingungslos füreinander da und ziehen aus dieser Freundschaft eine Menge Kraft. Jeder fühlt sich den anderen verpflichtet, und das wiederum verhindert, dass einer von ihnen sich gehen lässt oder aufgibt – er muss ja für die anderen mit hoffen und kämpfen. Das müssen sie aber alle erst lernen: ehrlich miteinander zu sein, sich gegenseitig zu vergeben, Meinungsverschiedenheiten und den Schmerz des anderen auszuhalten. Gemeinsam zu weinen und immer wieder neu anzufangen. Und zum Schluss begleiten sie Leo sogar gemeinsam auf seinem letzten Weg.

Die Serie hat eine unverhältnismäßig riesige Fanbase nicht nur bei kranken Kids, sondern überwiegend bei gesunden – vielleicht weil sie sich auch nach solchen echten Freundschaften sehnen.

Dienen

Wenn es uns nicht gut geht, sagen uns Ärzte und Psychologen gern, dass wir „mehr auf uns selbst achten" sollen. Aber wenn ich dem Irrglauben aufsitze, dass es im Leben um mich und mein Wohlbefinden geht, führt das leicht dazu, dass ich dieses Ziel ohne Rücksicht auf Verluste verfolge und die meiste Zeit damit verbringe, an mich zu denken. Eine ziemlich unschöne Aussicht! Und auch nicht zielführend.

Wenn man sich um sich selbst dreht, bewegt man sich logischerweise nur im Kreis.

Was, wenn die Antwort auf die meisten unserer Probleme ist, andere glücklich zu machen? Wenn der Schlüssel zu unserem Glück die Fürsorge für andere ist?

„Dienen" ist ein altmodisches Wort, das man immer direkt mit Sklaverei und kriecherischem Verhalten gleichsetzt. Dabei ist es eigentlich ein Privileg. „Wer unter euch groß werden will, soll den anderen dienen; wer unter euch der Erste sein will, soll zum Dienst an allen bereit sein", heißt es in Markus 10,43. Siehe auch die Dienstleister unseres gesellschaftlichen Zusammenlebens, auch Politiker genannt.

Horst Schulz, der Gründer der Ritz Carlton-Luxushotelkette, hat für sein Unternehmen und die Mitarbeiter das Motto geprägt: „We are Ladies and Gentlemen serving Ladies and Gentlemen" – das geht schon stark in die richtige Richtung.

Das Einzige, was mich nachhaltig glücklich und stabil macht, ist, mich in andere Menschen zu investieren. Für wen und mit wem würde es sich sonst zu leben lohnen?

Ich würde sogar noch einen draufsetzen und behaupten: Wenn jeder von uns sich einen Scheiß um sich selbst und seine Lebensoptimierung kümmern und sich stattdessen ganz in das Wohl anderer Menschen investieren würde, ohne „Mimimi, ich muss mit meinen Kräften haushalten und mich nicht überfordern"-Getue, gäbe es keine Probleme auf der Welt. Wenn tatsächlich alle Menschen aufhören würden, sich um sich selbst zu drehen, und stattdessen nur noch darauf achten, dass es den anderen gut geht, hätten wir den Himmel auf Erden und alle wären glücklich. Dann würden sich auch rein mathematisch viel mehr Menschen um einen kümmern, als wenn man das allein versucht. Theoretisch sogar knapp 7 Milliarden.

Viktor Frankl sagte: Selbstverwirklichung kann man nicht er-zielen, sie muss er-folgen. Nur indem man von sich selbst wegsieht, kann man sich finden. Mutter Teresa scheint mir daher ein weitaus besseres Vorbild zu sein als Ratschläge wie „Umgib dich mit Leuten, die dir guttun" oder „Bau ein soziales Netzwerk auf, damit du immer jemanden hast, der für dich da ist".

Auch wenn ich vieles nicht mehr kann – lieben kann ich noch. Und damit habe ich immer noch die wichtigste Fähigkeit von allen!

Kaum etwas ist für mich beflügelnder und erhebender, als wenn ich es wirklich schaffe, jemandem eine Freude zu machen oder bei einem Problem zu helfen. Wenn ich meine Bekanntheit und inzwischen erworbene Hartnäckigkeit dazu nutzen kann, um einem Menschen zu helfen, der weniger privilegiert ist, fahre ich danach für mindestens eine Woche mit einem breiten Grinsen durch den Tag. Wenn ich etwas bewege, bewegt mich das. Und wenn es mir gelingt, jemandem Mut zu machen, macht mir das wiederum auch Mut. Menschen, denen wir eine Stütze sind, die geben uns Halt – ich weiß nicht, wer das gesagt hat, aber ich gaube, es stimmt.

Wenn ich allerdings immer warte, bis mir danach ist oder die richtige Motivation sich einstellt, würde ich oft nur dasitzen und vor mich hinschmoren. Andersherum merke ich, dass die Motivation dazukommt, wenn ich einfach mal anfange.

Susanne und Markus Mockler haben in ihren Eheseminaren ein Prinzip entwickelt, das sie den lernwilligen Paaren vermitteln: das EMMA*-Prinzip[30]. EMMA steht für „Einer muss mal anfangen" und bedeutet: Wenn man seine Ehe verbessern will, ist der direkteste Weg, dass man bei sich selbst anfängt, Dinge zu verändern. Einfach mal anfangen, auf den Partner zuzugehen, ihm etwas Gutes zu tun, negative Kreisläufe zu durchbrechen. Nicht herumzumeckern und alle möglichen Erwartungen zu formulieren. Und nach der langjährigen Erfahrung der Mocklers bewirkt das oft wahre Wunder und selbst der muffeligste Partner zieht irgendwann von selbst nach.

Der Journalist Holger Senzel durchlief wegen seiner Depressionen zehn Jahre Therapie – und bekam sein Leben trotzdem nicht in den Griff. Er wusste, was schief lief und was er verändern musste, hatte aber nicht die Kraft dazu. Irgendwann platzte ihm der Kragen, er gab die Seelenbeschau auf und trat sich einfach mal für vier Wochen selbst in den Hintern. Er ignorierte die großen Lebensfragen und setzte sich machbare Ziele: vormittags die Bude putzen, nachmittags ins Museum. Irgendetwas tun, statt immer nur um sich selbst zu kreisen. Und ab da ging es bergauf.[31]

In der Resilienz-Forschung heißt das „Selbstwirksamkeit" und bildet einen der sieben Grundpfeiler. Auch der französische Resilienz-Forscher Boris Cyrulnik hatte so ein Selbstwirksamkeits-Schlüsselerlebnis, das ihm sogar das Leben rettete: Er wurde als Kind zusammen mit Hunderten anderer Juden in eine Synagoge gebracht, um von dort deportiert zu werden. Von anderen Gefangenen hörte er, dass es über den Toiletten zwar ein Fenster gebe, für eine Flucht sei es aber viel zu hoch. Als ihm seine lebensbedrohliche Lage bewusst wurde, ging er in die Toilette, um zu schauen, ob das Fenster tatsächlich unerreichbar war. War es nicht. Er floh und überlebte.

Eins ist jedenfalls sicher: Herumsitzen und nichts tun bewegt gar nichts. Weder in uns selbst noch in der Welt. Deswegen bin ich dafür, einfach zu *machen*! Es muss gar nichts Großes sein, nicht immer das, wofür mein Herz total brennt. Man muss nicht gleich ein Heilmittel gegen Krebs erfinden, und es muss auch nicht perfekt sein.

Manchmal ist es besser, kleine Dinge auch wirklich zu tun, als sich große nur vorzunehmen.

Vor meinem Unfall habe ich oft gedacht, dass für all die Dinge, die ich noch erleben und machen will, mein eines Leben gar nicht ausreicht und ich eigentlich noch zwei, drei haben müsste. Und nachdem ich zwischenzeitlich danach das Gefühl hatte, es geht gar nichts mehr, bin ich, dem Prinzip der sukzessiven Approximation folgend, verblüffenderweise jetzt wieder auf genau demselben Stand wie vorher: Es gibt noch so viele wichtige, tolle, hilfreiche Dinge zu tun, dass ich eigentlich wieder nicht mit einem einzigen Leben auskomme.

Aktuell arbeite ich neben diesem Buch an vier Vorworten für die Bücher anderer Leute, an Interviews und Beiträgen für alle möglichen Medien, würde gern endlich final meine Stiftung an den Start bringen, was ständig von endlosem Bürokratiekram gebremst wird, versuche Bekanntheit und Erfahrung zu nutzen, um verschiedenen Leuten zu helfen, die Hilfe brauchen, würde gern noch viel häufiger die kleine Elva besuchen oder den an ALS erkrankten H. oder die Gespräche mit den Mördern im Gefängnis fortsetzen oder endlich der Einladung nach Uganda folgen und und und …

Dem aufmerksamen Betrachter wird das Ausrufezeichen hinter dem „Stehaufmensch!" auf dem Titel nicht entgangen sein … und auch nicht der damit automatisch verbundene Aufforderungscharakter. Eigentlich bin ich ja nicht der Typ für Appelle. In diesem Fall fühle ich mich aber doch bemüßigt, einen solchen auszusprechen.

Schon Liedermacher Clemens Bittlinger sang einst in seinem bezeichnenderweise „Aufstehen" betitelten Lied: „*Viel zu lange rumgelegen, viel zu viel schon diskutiert. Es wird Zeit, sich zu bewegen, höchste Zeit, dass was passiert. Jeder hat was einzubringen, diese Vielfalt, wunderbar...*"[32]

Tatsächlich, es gibt so unendlich viel zu tun auf dieser Welt, es gibt für jeden tausend Möglichkeiten, sich einzubringen, anderen zu helfen und die Welt ein bisschen besser zu machen. Denn: Machen ist wie wollen – nur krasser. Alles ist besser, als nichts zu tun. Jeder wird gebraucht und jeder kann etwas tun, auf jedem Niveau.

Natürlich: Wer nichts tut, kann auch nichts falsch machen. Aber auch nichts richtig.

Bei meinem Gefängnisbesuch erzählte mir einer der Insassen, wie schrecklich es für ihn sei, die Nachrichten über tote Flüchtlinge und sterbende Kinder zu verfolgen. Wenn er verhungernde Kinder mit aufgeblähten Bäuchen sieht, und er sitzt in seiner Zelle und hat es warm und der Kühlschrank ist voll, könnte er kotzen. Er hat jemanden ermordet, und doch ist er in Fülle ausgestattet... dabei hätte er viel eher das grausame Schicksal verdient, das manchen Flüchtlingen widerfährt.

Obwohl er in seinen Möglichkeiten extrem eingeschränkt ist, möchte er doch irgendwie etwas Gutes tun. Und so sammelt er im Knast Plastikflaschendeckel, mit denen man eine Polio-Impfung für ein Kind in einem Entwicklungsland finanzieren kann (http://deckel-gegen-polio.de/projekte/).

Und solche Möglichkeiten, etwas zu tun, gibt es wirklich in Hülle und Fülle für jeden Geldbeutel, jedes Zeitkontingent und jedes Talent. Keine richtigen Ideen?

Man könnte…

… ein Patenkind in der Dritten Welt unterstützen
www.compassion.de
www.de.visionforafrica-intl.org
www.ora-kinderhilfe.de

… behinderten Kindern im Westjordanland eine Chance geben
www.lifegate-reha.de

… sich für Menschenrechte engagieren
www.ijm-deutschland.de

… andere mit Essen versorgen
www.tafel.de
www.brotzeitfuerkinder.com
www.kinderschutzbund-hn.de/unsere-angebote/
essenspatenschaften

... Mentor für Flüchtlinge werden

*www.berlinerratschlagfuerdemokratie.de/projekte/
fremdefreunde-mentoring-fuer-gefluechtete-kinderund-
jugendliche*

... krebskranke Kinder unterstützen

www.dumusstkaempfen.de

www.wir-koennen-helden-sein.de

... Bäume pflanzen

www.plant-for-the-planet.org/de

... eine Minute Applaus für die Pflege spenden

www.1min.care

... Handys verschenken

*www.missio.com/angebote/mitmachen/missio-handy-
spendenaktion*

... als Nächstes ein Fair-Trade-Handy kaufen

*www.utopia.de/bestenlisten/fair-handy-faires-
smartphone-liste*

... Pakete für „Weihnachten im Schuhkarton" packen

www.geschenke-der-hoffnung.org

... Kindern was vorlesen

www.netzwerkvorlesen.de

... sinnvolle Petitionen unterstützen

www.openpetition.de

... Flüchtlingen helfen

www.proasyl.de/ehrenamtliches-engagement

... im Hospiz mitmachen

www.dhpv.de/themen_hospiz-palliativ_ehrenamt.html

... kranken Kindern Wünsche erfüllen

www.traumzeit-ev.de

... Trost-Bärchen spenden

www.deutsche-teddy-stiftung.de

... Kleidung für benachteiligte Kinder nähen

www.extraglueckskinder.wixsite.com

... Musik für kranke Kinder machen

www.kinderklinikkonzerte.de

... Hunde im Tierheim ausführen

www.markt.de/ratgeber/vereine-soziales/tierheim

... mit Bedürftigen essen

www.sonntagstisch.de

... herausgeforderten Familien helfen

www.nestwaerme.de

... sich als Knochenmarkspender registrieren

www.dkms.de

... Leuten einen Kaffee ausgeben

www.aufgeschobener-kaffee.de

... ein bisschen Geld zum Einkauf beisteuern

www.deutschland-rundet-auf.de

... Sachspenden für Obdachlose aufhängen

www.facebook.com/HamburgerGabenzaun

... *Rollstuhl-Rampen aus alten Legosteinen bauen*
  www.aktion-mensch.de/dafuer-stehen-wir/
  foerderprojekte-aktionen/foerderprojekte/legostein-
  rampen-koeln.html
... *Wünsche erfüllen helfen*
  www.wuenschewagen.de
... *Kinder gegen sexuelle Gewalt stark machen*
  www.power-child.de
... *für Kinder rennen*
  www.runforchildren-mainz.de
... *Obdachlose vor Kälte retten*
  https://de.wikipedia.org/wiki/Kältebus
... *mit Humor heilen helfen*
  www.humorhilftheilen.de

Und und und ...

Es gibt ein ganzes Ehrenamtsportal, auf dem man sich die passende Einsatzmöglichkeit aussuchen kann:

http://www.ehrenamtsportal.de/

Und auch viele Ehrenamtsbörsen, zum Beispiel bei der Caritas

www.caritas.de/spendeundengagement/engagieren/
ehrenamt/ehrenamtsangebote/ehrenamtsboerse/

oder Aktion Mensch

https://www.aktion-mensch.de/was-du-tun-kannst/
deine-moeglichkeiten/ehrenamt-finden.html

Viele Städte bieten Ähnliches an, hier zum Beispiel
München:
https://www.awo-muenchen.de/ehrenamt/

Einfach mal „Ehrenamtlich helfen" bei Google eingeben.
Und keine Ausreden mehr durchgehen lassen ☺.

Verantwortlichkeit

Eine unumstritten wichtige „Säule der Resilienz" ist das
„Verlassen der Opferrolle". Und Verantwortung zu übernehmen ist das Gegenteil der Opferrolle. Wir haben nicht immer
unter Kontrolle, was uns passiert. Aber wir haben immer Einfluss darauf, wie wir das interpretieren, was uns passiert.
Man ist nicht unbedingt schuld an seinen Lebensumstän-
den, aber immer *verantwortlich* dafür, wie man damit umgeht. Jeder Mensch hat die Verantwortung für sich selbst,
sein Leben, das, was er in der Welt tut und hinterlässt.

Das Gefühl, dass ich eine Verantwortung habe, fungiert
bei mir als starke Stehaufkraft, als Stütze, als Motivation, als
innere Verpflichtung. In Zuschriften oder auch bei persönlichen Begegnungen erzählen mir immer wieder Menschen,
dass sie mich als Vorbild betrachten, dass meine Geschichte
ihnen Mut gibt. Wenngleich ich wenig Vorbildhaftes darin sehe, mit dem Kopf gegen ein Auto zu rennen und sich

viermal das Genick zu brechen. Trotzdem habe ich schon von mehreren Leuten gehört, dass sie nur deshalb den eigentlich geplanten Selbstmord nicht begangen haben, weil sie sich gedacht haben: „Wenn Samuel Koch nicht aufgibt, dann gibt es auch für mich Hoffnung." Wenn ich nun doch zusammenbrechen würde, würde ich diese Menschen enttäuschen und im Stich lassen – dafür fühle ich mich verantwortlich. Ich habe keine Zeit und kein Recht und auch keine Lust, mich meinen Gebrechen hinzugeben.

Die Verantwortung für Kinder ist definitiv ein sehr starker Antrieb für alle möglichen Formen von Resilienz. Wann immer ich mit Flüchtlingen Kontakt hatte, ob mit Syrern bei Theaterworkshops oder Mexikanern in den USA, hörte ich als Begründung, warum sie geflüchtet sind und wie sie die Strapazen überstanden haben: „Ich habe es für meine Kinder getan. Damit sie eine bessere Zukunft haben." Einsame alte Menschen geben immer wieder als Haupt-Morgens-Stehauf-Motivation an, dass sie ihre Enkel aufwachsen sehen möchten. Auch von Suizidgefährdeten hörte ich, dass sie ihre Pläne ad acta gelegt haben, um kein schlechtes Beispiel für die Kinder in ihrem Umfeld abzugeben. Eltern reißen sich zusammen, um für ihre Kinder als gutes Vorbild voranzugehen. In seinem Schlussplädoyer in dem meiner Meinung nach sehr empfehlenswerten Film von Wim Wenders, „Ein Mann seines Wortes", sagt Papst Franziskus sinngemäß, dass es eine der wichtigsten Aufgaben unserer Zeit sei, mit unseren Kindern zu spielen.

Dann gibt es aber auch noch die Verantwortung „vor" etwas ... oder jemandem.

Nach Viktor Frankls Erkenntnissen gab es große Unterschiede in der Art, wie seine Mitgefangenen im KZ mit ihrem grausamen Schicksal umgingen – je nachdem, ob sie sich jemandem verantwortlich fühlten oder nicht.

In dem Wort Ver-antwortung steckt ja auch die „Antwort" – und das ist es auch, was Viktor Frankl bei seinen Mithäftlingen beobachtete: „Im Bewusstsein jedes Einzelnen war irgendwer da, unsichtbar da (...). Für viele war es das erste und letzte und ewige Du: Gott. Aber wer immer diese Stelle letzter Instanz einnahm: Es galt sich zu fragen: Was erwartet er von mir – will heißen, welche Haltung?"[33]

Jeder der KZ-Insassen musste entscheiden, vor wem er sich verantwortlich fühlt (Gott, anderen Menschen, seinem Gewissen ...). Und daraus dann für sich etwas begreifen, das ich für extrem entscheidend halte: Was wäre, wenn ich nicht der Fragende bin, sondern der Befragte? Wenn ich mich, statt dem Leben Fragen zu stellen, als jemanden erlebe, dem das Leben seinerseits ständig Fragen stellt? Was würde ich antworten?

(siehe auch ⇨ Sinn)

Kreativität

Schöpferisch zu sein bedeutet, auf eine Art vermessen zu sein, denn man muss über das hinausgehen, was man schon weiß und kann. Das Nichtwissen ist Voraussetzung eines jeden schöpferischen Prozesses, denn wenn wir immer nur tun, worin wir uns sicher sind, ist alles, was wir tun, bestenfalls feige, schlimmstenfalls belanglos. (Martin Schleske) 34

Steile These, aber so wahr. Nicht nur im Geigenbau wie bei Martin Schleske, sondern auch in der Schauspielerei und im wahren Leben. Ich habe Kreativität und Fantasie als lebenserhaltende Maßnahme schätzen gelernt. Ganz praktisch zum Beispiel hat sie sich als Mittel zur Überwindung der verhassten Aussage „Das geht nicht" (die das Gegenteil von Kreativität ist) bewährt. In 99 % aller Fälle gehen Dinge, die ich gern machen wollte und bei denen man mir kategorisch sagte: „Das geht nicht!" dann eben doch, wenn man mit etwas Experimentierfreude und Fantasie herangeht.

Nicht umsonst ist „creating" oder „schaffen" das erste Verb in der Bibel, nicht „drüber nachdenken" oder „es nicht für möglich halten."

Die Natur, die Menschen, die Schöpfung sind die Inspiration und der Inbegriff jedweder Kreativität. Angenommen, wir sind tatsächlich als das Ebenbild des Designers all dieser wunderschönen Dinge geschaffen – dann müssten wir doch alle irgendwo, irgendwie mit einem gewissen Prozentsatz an Kreativität ausgestattet sein.

Fantasie ist für mich auch im geistigen Sinne eine Stehaufkraft. Eine der viel zitierten Säulen der Resilienz ist „Zielorientierung": Man soll sich für die Zukunft Ziele setzen und diese anstreben. Und wieder mal gibt es eine Steigerung oder höhere Form des technisch-kalten Begriffs „Ziele", und das sind meiner Meinung nach Träume. Weil (nicht nur) ich überzeugt bin, dass Träume die Kraft haben, die Zukunft zu verändern, weitaus mehr als Ziele.

Der Modedesigner Harald Glööckler zum Beispiel hat in verschiedenen Interviews gesagt, dass seine ausgeprägte Fantasie für ihn ein Ausweg aus seiner furchtbaren Kindheit war, in der der gewalttätige Vater die Mutter regelmäßig verprügelte und schließlich sogar ihren Tod verursachte. Der kleine Harald träumte sich aus der brutalen Realität weg und malte sich in den schönsten Farben aus, wie sein Leben einmal aussehen sollte: bunt, farbenfroh und voller Licht und Pracht. Er wollte schöne Dinge erschaffen und vor allem nie mehr eine Frau weinen sehen, so wie seine Mutter, sondern Frauen glücklich machen – ein kraftvoll-positiver Gegenentwurf zu seinem realen Leben. Und tatsächlich ist es auch genau so gekommen: Harald Glööckler hat sich ein wahres Modeimperium aufgebaut, designt erfolgreich

Kleidung, Möbel, Tapeten und vieles mehr, macht mit seiner erschwinglichen Mode, wie geträumt, Frauen glücklich und hat sich genau so eingerichtet, wie er es sich als Kind erträumt hat. Das mag nicht jedermanns Geschmack sein – Fakt ist aber, dass seine Träume (natürlich in Kombination mit harter Arbeit) offenbar nicht nur Schäume waren, sondern die Macht hatten, seine Realität zum Positiven zu verändern. Er lebt seinen Traum.

(siehe auch ⇨ Hoffnung)

Auch ich glaube, dass Träume von etwas Gutem oder Besserem, und sei es eine noch so fantastische Utopie, ganz konkret nicht nur mein Denken und Wollen, sondern auch mein Verhalten und meine Beziehungen in der Gegenwart positiv beeinflussen.

Und vielleicht bewirkt der große Traum, dass man sich auf dem Weg dorthin in kleine Traumteilschritte hineinzuleben beginnt. Deshalb erlaube ich mir, an dieser Stelle einmal groß zu träumen.

Ich fahre auf der Schnellstraße Richtung Süden, noch immer beseelt. Denn heute Morgen konnte unsere Stiftung gemeinsam mit der Organisation „Rêves de Gosse" und der ESA (European Space Agency) erneut einer Gruppe von eingeschränkten Kindern und Jugendlichen den Traum der Schwerelosigkeit erfüllen. Und natürlich musste ich sie begleiten ☺.

Voller Dankbarkeit fahre ich über die Brücke am südlichen Ende Siziliens rüber nach Tunesien. Das geglückte Atlantropa-Projekt, ursprünglich bereits 1928 geplant von Geopolitiker Hermann Sörgel, macht diese bequeme Mittelmeerüberfahrt möglich. Gleichzeitig versorgt das monumentale Gibraltar-Staudamm-Projekt den größten Teil Atlantropas, also Afrikas und Europas, mit Strom. Und durch die Absenkung des Mittelmeers um mittlerweile 150 Meter wurde die wirtschaftliche und vor allem soziale Integration von zunächst Nord- und später ganz Afrika in die Weltgemeinschaft erreicht. Sprich, ein Miteinander auf Augenhöhe.

Auf der anderen Seite angekommen verlangsame ich die Fahrt und docke währenddessen an ELIVA (Elektrifizierter Innovativer Verkehr auf Autobahnen) an, um die Akkus aufzuladen. Ein Zug überholt mich. Vermutlich die im Vorjahr eingeweihte durchgehende Verbindung zwischen Berlin, Rom und Kapstadt. An einer Raststätte frage ich nach einem Schnitzel, doch leider gibt es aktuell kein Fleisch. Wie in ganz Atlantropa gilt auch hier Massentierhaltungsverbot. Auf der Weiterfahrt verschränke ich die Arme hinter dem Kopf, schließe die Augen und reflektiere darüber, wie sich unsere Welt in den vergangenen Jahren zu einer guten und liebevollen verändern konnte:

Ruanda hatte bereits 2008 ein gesetzliches Plastiktütenverbot ausgesprochen und für dessen Einhaltung eine eigene Polizeieinheit eingerichtet – und wurde so zum Vorbild für alle anderen, die inzwischen nachgezogen haben. Durch den Druck von Millionen von Smartphone-Besitzern, die erkannt haben, dass an Handys Blut klebt, da sie nur durch minderjährige Sklavenarbeit produziert werden konnten und Warlords mit den Minen ihre Bürgerkriege finanzierten, hatte China, der Geiselnehmer Apples, beschlossen, nur noch konfliktfreie Rohstoffe zu verarbeiten, wodurch Produzenten weltweit wieder ihre zertifizierten Bergminen öffneten.

Und „The Great Revise" (das große Umdenken, genau 90 Jahre nach „The Great Depression") hatte den Durchbruch in Sachen Welthunger gebracht. Vom biblischen Vorbild des „10-Prozent-Abgebens" inspiriert spendeten alle Vollzeitbeschäftigten 1% ihres monatlichen Nettoeinkommens dem World Healing Fond. Allein die damals noch 197 UN-Mitgliedsstaaten konnten so im Jahr 2026 478 Milliarden zusammentragen und damit in nur 7 Jahren, unmittelbar nach dem Eintritt von Angela Merkels 6. Kanzleramtsperiode, den Hunger auf der Welt ausrotten. Leider ist auch jetzt im Jahr 2041 der BER Willy Brandt-Flughafen noch nicht ganz fertig. Beim Zählen der Baujahre schlafe ich natürlich ein.

Eine Plastik-Polizeikontrolle und zwei mitgenommene Anhalter aus den reisefreudigen USK (United States of Korea) später erreiche ich die Küste Marokkos. Am Strand angekommen erspähe ich schon von Weitem das reizende Profil meiner wie immer drehbuchlesenden Frau. Überfreundlich verscheuche ich die junge Kellnerin – wieder jemand, der meine Frau 20 Jahre jünger geschätzt hat – und begrüße sie dem Vermissungsmaß entsprechend ausführlich. Dann rasch Schuhe aus, weißen weichen Sand zwischen den Zehen spüren und ab zum Wasser.

Doch zwei Männer im Schatten unter einer Palme sprechen mich an und stellen sich vor. Ahmed und Joshua, Moslem und Christ.

Joshua scheint mich erkannt zu haben und fragt: „Bist du nicht derjenige, der früher eine Querschnittlähmung hatte? Witzig, ich hatte das letzte Woche auch… aber jetzt bin ich wieder ganz der Alte."

Sie erzählen weiter, wie sie gemeinsam mit ihren kurdischen und syrischen Freunden die Städte Aleppo und Afrin wieder aufgebaut haben. Ahmed sitzt dabei auf einer Art Stromkästchen, das aus dem Sand ragt, mit der Aufschrift „Thanks, Trump!" Der 45. Präsident der USA, Donald Trump, hatte sich nämlich damals, 2020, noch kurz vor Abschluss seiner ersten Wahlperiode, irgendwie radikal bekehrt. Daraufhin entließ er sich selbst aus dem Amt und investierte sein ganzes Vermögen in die Gezeitenkraftwerke an den afrikanischen Küsten, um irgendwie den Klimawandel aufzuhalten. Heute, nachdem die US-Präsidentin Natasha Obama alle Grenzzäune abgeschafft hat, verkauft The Donald wohl Taccos an einem mexikanischen Strandkiosk.

Plötzlich – Rufe auf dem Meer. Ich sehe im Flirren der heißen Luft verschwommen zwei Gestalten auf Surfbrettern.

„Komm endlich, die Wellen sind herrlich, Papa!"

Ich renne los, kämpfe mich durch die Brandung, tauche möglichst cool in die Fluten, schlucke ordentlich Salzwasser…

…und wache auf.

Selbstdistanzierung

Der berühmte Satz, den meine Mutter in unserer Kindheit circa 23.694-mal benutzt hat, ist: „Stell dich nicht so an." Damals fand ich das nervig, aber heute hilft es mir oft, wenn ich mir selbst sage: „Stell dich nicht so an!"

Tatsächlich erübrigen sich große Teile aller vermeintlich großen Probleme mit dieser Grundhaltung sofort. Florian Langenscheidt, der mich um einen Beitrag zu seinem „Handbuch zum Glück" gebeten hatte, hat mir erzählt, dass sich laut seiner Forschung und Recherchen 98 % aller Sorgen, Befürchtungen und Bedenken, die man vor Entscheidungen hat, sowieso nicht erfüllen. Eine beruhigende Statistik.

Klar gibt es jeden Tag genug Gründe, nicht zur Arbeit zu erscheinen. In meinem Fall allen voran Schmerzen, die ich immer noch oft habe, oder einfach nur der Wunsch, zu Hause zu bleiben, wo mich niemand anstarrt und alles eingespielt und bequem ist. Wenn ich es darauf anlegen würde, könnte ich mich natürlich ständig krankschreiben lassen. Aber ich will mich nicht von meiner Behinderung zusätzlich behindern lassen, deshalb gestatte ich es mir nicht. Man kann sich auf eine gesunde Art selbst manipulieren. Ich rationalisiere vom Verstand aus und ändere damit erfolgreich das „Ich glaub, heut geht's mir nicht so gut"-Gefühl. Ich nehme mich einfach selbst nicht sooo wichtig.

In Viktor Frankls Logotherapie und auch in vielen anderen Therapieformen ist Selbstdistanzierung ein wichtiges Tool: Wenn man es schafft, innerlich sozusagen einen Schritt zurückzutreten, kann man seinen eigenen Bedürfnissen, Trieben, Stimmungen entgegentreten und ihnen zum Trotz das tun, was man in der Situation für sinnvoll und richtig hält.

Seinen inneren Schweinehund mit einem „Trotzdem" überwinden, sozusagen.

„Der Mensch muss sich nicht alles gefallen lassen – auch nicht von sich selbst!", lautet ein berühmter Satz von Viktor Frankl.

Dieses innere Einen-Schritt-Zurücktreten habe ich auch durch meinen Vater gelernt. Wenn wir als Kinder nach einem Streit zu ihm rannten und uns beklagten: „Der hat mich Blödmann genannt!", fragte mein Papa nur ganz trocken zurück: „Stimmt das denn?" Darauf sagten wir natürlich: „Nein!" Und er antwortete: „Na gut, wo ist dann das Problem?"

Im Prinzip ist das dasselbe, was auch der Kommunikations-Coach René Borbonus beschreibt: Man muss Beobachtung und Bewertung trennen. Einer Bewertung („Du bist ein Blödmann!") liegt fast immer eine Beobachtung zugrunde („Du hast mich mit deinem Verhalten verletzt"). Nur die Beobachtung ist eigentlich interessant, aber an die kommt man nur ohne die Bewertung heran. Deshalb muss man immer die Beobachtung dahinter erfragen. Und wenn es keine gibt, wech damit.

Das hilft mir oft bei wütenden Facebook-Nachrichten, in denen mich die Absender mit den wildesten Fäkalausdrücken bedenken. Manchmal steckt eine Beobachtung hinter alldem, die ich mir zu Herzen nehme – aber meist sind es nur Bewertungen, die mich nicht betreffen müssen.

Psychologisch aufgebrezelt nennt man das „kognitive Verhaltenstherapie": Der Therapeut bringt seine Patienten dazu, ihre Gedanken zu verstehen, verzerrte oder unproduktive Wahrnehmungen zu benennen und dann alternative Denkweisen zu finden. Damit bekommen sie ein wirksames Mittel in die Hand, um zum „Steuermann" ihrer eigenen Gedanken und Emotionen zu werden.

Ein bisschen ist es auch beim Schauspielen so: Man muss seine Rolle und deren Text zunächst mal „verkopfen" und dann „verherzlichen", um sie „verkörpern" zu können.

Diese Fähigkeit der Selbstdistanzierung, die ich für mich einfach mit „über mich selbst lachen können" übersetzen würde, hilft mir immer wieder. Mich infrage zu stellen bietet die Möglichkeit zur Veränderung. Und ein ganz wichtiges Mittel dazu ist Humor.

Es ist schlicht und ergreifend so, dass es viel mehr Spaß macht, das Leben und all die absurden Begebenheiten darin mit Humor zu betrachten, als es nicht zu tun. Lachen finde ich eindeutig schöner als Heulen. Es gibt übrigens einen ganzen Wissenschaftszweig, die Gelotologie, die sich mit den positiven Auswirkungen des Lachens befasst. [35]

„Humor ist, wenn man trotzdem lacht", heißt es. Von Wikipedia kann man ja halten, was man will, aber die folgende Ausführung finde ich sehr interessant: „Wenn man dieses trotzdem näher betrachtet, verbindet Humor

Schwäche und Stärke auf eine eigentümliche Art und Weise: Ein Lachen ist nur dann *Humor*, wenn es in einer Situation der Gefahr oder des Scheiterns auftritt, sich nicht gegen Dritte richtet und eine noch so kleine Hoffnung auf die Überwindung der Krise vermittelt. (...) In diesem Tiefstapeln des Widerstands steckt der optimistische Hinweis, dass man sich der Situation nicht ohne Widerstand ausliefert. Dieser symbolische Vorgriff vermittelt neue Hoffnung auf eine Lösung auch im wirklichen Leben. Im Humor macht sich eine Person dümmer, als sie ist, und wird dadurch stärker, als sie scheint. Christopher Fry sagt: ‚Humor ist eine Flucht vor der Verzweiflung, ein knappes Entkommen in den Glauben‘." [36]

Keine Ahnung, ob man einen Sinn für Humor einfach hat oder ob man ihn erlernen kann – ich entscheide mich jedenfalls immer wieder gern dafür, mich selbst und die Dinge um mich herum nicht allzu ernst zu nehmen.

Sam Berns, ein junger Mann, der Progerie hatte (eine Krankheit, die einen sozusagen im Schnellvorlauf altern lässt), drückte es in einer seiner Reden kurz vor seinem Tod mit 17 Jahren gekonnt-humorvoll so aus: „I try not to waste time feeling bad for myself, because when I do, there's no room for happiness."[37]

Demut

Es muss immer weiter, höher, schneller sein – das ist für Deutschland oder, wie es so schön heißt, „die westliche Welt" ein Problem. Wir sind eine Leistungsgesellschaft, von der ich mich auch gar nicht ausschließen kann. Die ganzen Technologien, die wir benutzen, zielen nur darauf ab, dass man schneller kommuniziert, effektiver Dinge erledigt, einfach besser ist.

Wir werden in Zeiten von Filtern und gephotoshoppten Selbstdarstellungen richtiggehend bombardiert von unrealistischen Erwartungen. Man hat ständig das Gefühl, man müsste noch glücklicher, noch gesünder, noch schneller, noch produktiver sein. Es reicht nicht, einfach nur seine kleine Ecke der Welt positiv zu besetzen und das zu genießen, was man hat. Nein, es muss schon irgendwie besonders sein, wo oder wie man lebt und was man macht. Notfalls wird alles durch einen schönen Insta-Kram-Filter gejagt und sieht dann wenigstens stylisher aus als in echt.

Aber warum eigentlich?

Ein bisschen Bescheidenheit tut jedem ganz gut. Oder um noch einen altertümlich-schönen Begriff aus der Mottenkiste zu kramen: Demut.

Bei „Demut" denken viele an eine fußabtreterartige Bücklingshaltung oder ein schlechtes Selbstwertgefühl, an „sich klein machen". Aber eigentlich steht der Begriff nur für eine gesunde Bescheidenheit. Erich Fromm nannte Demut „die der Vernunft und Objektivität entsprechende emotionale Haltung als Voraussetzung der Überwindung des eigenen Narzissmus".

Mir gefällt diese Definition: *Demut besteht nicht darin, dass wir uns für minderwertig halten, sondern darin, dass wir vom Gefühl unserer eigenen Wichtigkeit frei sind. Dies ist ein Zustand der natürlichen Einfachheit, der im Einklang mit unserer wahren Natur ist und uns erlaubt, die Frische des gegenwärtigen Augenblicks zu schmecken.* (Matthieu Ricard, 1946, französischer Molekularbiologe und buddhistischer Mönch)

Vielleicht muss ich gar nichts Besonderes sein, nicht perfekt, nicht unfassbar schön oder überfliegend intelligent oder abgrundtief talentiert. Ganz normale oder gar durchschnittliche Fähigkeiten zu haben ist völlig in Ordnung. Ich muss nichts darstellen, was ich gar nicht bin (außer natürlich für Geld, weil das mein Beruf ist ☺), und mein ganzes Leben sozusagen editieren. Es muss auch nicht alles, was ich tue, eine wahnsinnig tief gehende Bedeutung haben oder unfassbar aufregend sein. Ich genieße im Gegenteil sogar besonders die Zeiten, in denen gar nichts groß passiert.

Neulich sagte mir eine Journalistin in einem Interview, sie würde jetzt ziemlich unter Druck stehen, weil sie glaubte, mir nur ganz besonders kluge und „wertvolle" Fragen stellen zu dürfen.

Ich beruhigte sie rasch: „Ach du Schreck! Den Druck kann ich Ihnen sofort nehmen. Ich finde es zum Beispiel wertvoll, auch mal Blödsinn zu machen. Deshalb: Ich befreie uns von allem Druck, hier irgendwas Wertvolles sagen zu müssen. Sobald sich zwei Menschen auf eine positive Art und Weise begegnen, indem sie Nachrichten multiplizieren wollen, die nicht nur schlecht sind, dann hat das schon einen Wert. Eigentlich ist also allein die Tatsache, dass wir in diesem Moment miteinander sprechen, wertvoll."

Unsere ganz normale Existenz ist wertvoll. Jede Begegnung zwischen Menschen ist wichtig, auch wenn dabei gar nichts Spektakuläres passiert. Wenn bei mir mal nicht alles fantastisch läuft, ist das nicht schlimm. Und die Frage „Warum ich?" stellt sich auch nicht – höchstens die Gegenfrage: „Warum eigentlich nicht ich?" Nicht nur meine Auffassung ist die Richtige. Ich weiß über manche Dinge nicht wirklich Bescheid, und das ist vielleicht auch besser so.

Mit ein bisschen gesundgeschrumpften Ansprüchen an sich selbst und an die Welt lebt es sich eindeutig viel entspannter. „Zufrieden sein, aber sich nicht zufrieden geben", so versuche ich seit einigen Jahren durchs Leben zu wandeln. Der Drang zur Optimierung ist auch bei mir naturgemäß sehr stark. Aber auch wenn es wie ein Widerspruch

dazu scheint, lerne ich auch verstärkt, zufrieden zu sein, innezuhalten und zu begreifen: Die Gegenwart, so, wie sie ist, ist die einzige Dimension, in der es sich zu leben lohnt. Und vielleicht ist das gar kein Widerspruch, sondern eine lebensnotwendige Spannung.

Sanftmut

Klingt schon wieder altertümlich-verrostet, nicht mehr zeitgemäß und im Alltag wenig präsent. Das Gegenteil jedoch ist an jeder Ecke anzutreffen: das Sich-Ärgern.

Der Ärger mit dem Ärger ist, dass man ihn sich selbst zufügt: Man denkt immer, die anderen ärgern einen, aber genauer betrachtet ärgert man sich selbst. So wird das Wort ja auch normalerweise im Sprachgebrauch verwendet: „*Ich* ärgere *mich* über ...“

Und obwohl ich oft cool tue und sage: „Ver-ärgert ist der, der sich ärgern lässt“, ärgere ich mich trotzdem ständig. Und weil mich allein schon das hässliche Wort Ärger ärgert, verwende ich im Folgenden das lustigere Synonym Groll:

Vor einiger Zeit erhielt ich eine erfahrungsgemäß sehr erfreuliche Einladung zu einer wirklich herrlichen Gala-Veranstaltung in einer meiner Lieblingsstädte, Wien. Leider waren für diesen Samstag schon wieder Theaterproben angesetzt, ich durfte nicht hin und musste absagen – Groll.

Ein halbes Jahr später, wenige Tage vorher, erfuhr ich, dass an diesem Gala-Samstag die Proben ausfallen werden – Groll.

Dem Groll zum Trotz mobilisierte ich alle möglichen Kräfte, buchte extrem spontan, beinahe mutwillig, einen Flug nach Wien – Samstag hin, Sonntag zurück. Und erfuhr, kaum in Wien gelandet, dass der andere Hauptdarsteller für die Sonntagsvorstellung im Staatstheater krank war und Sonntag früh eine Umbesetzungsprobe stattfinden sollte – Groll.

Irgendwie versuchte ich also, während der Gala-Feierlich-keiten den Rückflug auf einen früheren Zeitpunkt umzubu-chen. Doppelt kostspielig – Groll.

Wieder mutwillig gefeiert bis um 4:00 Uhr, den Wecker auf 5:30 Uhr gestellt, am nächsten Morgen erst um 9:00 aufgewacht, umgebuchten Flug verpasst – Groll. Der Fahrer, der uns hätte abholen sollen, wurde vom Hotel drei Stunden lang hartnäckig nicht reingelassen und durfte auch nicht auf dem Zimmer anrufen – Mega-Groll.

Dennoch zum Flughafen gehetzt, umgebuchten Flug um-gebucht, dreifach kostspielig – Groll. Zu spät für die Probe in Frankfurt angekommen, bekomme ich den winzigen Roll-stuhl der japanischen Rollstuhl-Balletttänzerin vom Vor-abend hingestellt – Groll. Meiner wurde versehentlich mit ihr nach Peking durchgecheckt – Groll. Durch notfallmäßiges

Anhalten des Flugzeugs nach Peking den Rollstuhl zurück ergattert, dem Theater grollend meine verspätete Verspätung angekündigt – Groll.

Probe so gut wie verpasst – Groll. Erfahren, dass der Schauspielkollege einen Schlaganfall hatte – alles relativierender Betroffenheits-Groll.

Kurz darauf erst unterrichtet worden, dass „die Boys" meinen Junggesellenabschied minutiös am absolut letztmöglichen Termin geplant hatten – an jenem von allen geblockten Samstag, den ich in Wien verbracht hatte.

Ohne Worte.

Über diesen schlimmsten Abschluss einer langen Reihe von teils selbst- teils fremdverschuldeten Ärgernissen habe ich mich so geärgert, dass ich keinen klaren Gedanken mehr fassen konnte, obwohl ich wirklich Wichtigeres zu tun hatte. Und über diese Zeitverschwendung habe ich mich dann noch mehr geärgert. Ich habe mich also einmal im Kreis geärgert.

Und wieder einmal festgestellt, dass Groll, Ärger oder Wut ziemlich unproduktiv sind, vor allem, wenn sie sich auf Dinge beziehen, die nicht (mehr) zu ändern sind.

Ein nahezu unbegrenztes Potenzial zum Ärgern tut sich durch meine eingeschränkte Beweglichkeit auf. Falsch eingecheckte Rollstühle, Blockaden in den Köpfen, unverhoffte Stufen, Absätze und Barrieren überall.

Ich könnte mich den ganzen Tag über all die Hindernisse ärgern, die sich mir in den Weg stellen. Aber ich bin nicht verpflichtet dazu.

Vor einiger Zeit habe ich einen Rollstuhlnutzer kennengelernt, der Stellenanzeigen im Internet darauf durchforstet, ob sie die offiziellen Anforderungen und Vorschriften zur Gleichstellung Behinderter erfüllen. Und wenn dem nicht so ist, bewirbt er sich auf den Job und verklagt den Arbeitgeber, falls dabei irgendetwas nicht ideal läuft. Möglicherweise entpuppt sich das als lukratives Geschäftsmodell, da für so etwas hohe Strafen oder Entschädigungszahlungen fällig werden. Aber getrieben ist dies alles von Gier, Zorn oder vielleicht sogar Bitterkeit. Und das ist keine Herangehensweise, die irgendwelche Barrieren in den Köpfen der Arbeitgeber beseitigt. Niemand hat einen Vorteil davon, wenn wir Dinge verlangen oder mit Gewalt durchsetzen. Damit verändert man keine Herzen. Eher verschlimmert man alles noch.

Erst neulich habe ich diesen Effekt live mitbekommen, als in Darmstadt eine AfD-Wahlkampfauftaktveranstaltung stattfand. Und natürlich eine Gegendemo, deren Teilnehmer mit hochroten Köpfen brüllten und Schilder hochhielten, auf denen stand: „Ganz Darmstadt hasst die AfD". Die Parteimitglieder verschanzten sich in ihrem Gebäude, spähten ab und zu raus, grinsten nur und machten Fotos. Die Beschimpfungen haben sie eher noch beflügelt statt irgendetwas zu bewirken. Hass mit Gegenhass zu bekämpfen scheint mir ohnehin ein bisschen blöd.

Ich muss auch an den G20-Gipfel denken, dessen Auswirkungen ich hautnaher mitbekommen habe, als mir lieb war. Als ich das hermetisch abgeriegelte Tonstudio in Hamburg verließ, in dem ich Aufnahmen gehabt hatte, erwartete mich ein kriegsähnliches Szenario: Rauchschwaden, Feuer, Geschrei, Sirenen, Explosionen, Hubschrauber. Bis zu meinem Hotel mitten auf der Elbchaussee brauchten wir 3,5 Stunden. Die gewaltsamen Ausschreitungen hatten eine traurige Bilanz: 476 verletzte Beamte, 12 Millionen Euro Sachschaden, 186 Personen vorläufig fest- und 225 Personen in Gewahrsam genommen worden. Ganz links und ganz rechts sind in solchen Momenten gar nicht mehr wirklich unterscheidbar. Und dass das Ganze irgendein positives Ergebnis hatte, wage ich zu bezweifeln.

Durch Sanftmut wirst du mehr gewinnen als durch Gewalt und Ungestüm. (Jean de La Fontaine, 1621 bis 1695; französischer Fabeldichter und Novellist)

Aber man muss gar nicht so weit vom Alltag abschweifen. Da ich ja in letzter Zeit meist nur als Beifahrer unterwegs bin, habe ich viel Gelegenheit, andere Autofahrer zu beobachten. Im Stau sieht man da Gesichtsausdrücke, wie man sie sonst nur aus Nachrichtenvideos von Kriegsschauplätzen oder Hollywood-Blockbustern kennt. Im Schutz des

Faraday'schen Käfigs brechen sich die wildesten Emotionen Bahn.

Mal angenommen, man würde lediglich die Energie der deutschen Autofahrer bündeln, die ihren Frontallappen statt zum Denken als Jammerlappen nutzen – dann könnte man damit die Welt vermutlich gegen den Mond sprengen... oder sie retten.

Man kann sich ärgern oder damit aufhören. Das ist eine Entscheidung. Ich habe neulich den Satz gehört: „Zwischen Reiz und Reaktion liegt ein Raum der Freiheit." Sprich, es liegt immer noch an uns, wie wir auf die Dinge reagieren, die sich uns in den Weg stellen.

Ich möchte mich daher der Sanftmut verschreiben.

Der Philosoph Otto Friedrich Bollnow hat Sanftmut folgendermaßen umschrieben: *Die Sanftmut steht im Gegensatz zur Gewaltsamkeit... Sanft ist der Mensch, wenn er sich nicht vom Zorn hinreißen läßt, ohne vermeidbare Härte im Affekt,*

weich und behutsam. Sanftmut bezeichnet dabei nicht nur eine Weise des Verhaltens, sondern mehr noch eine Beschaffenheit der Gesinnung. ... Die Sanftmut des Verhaltens verbindet sich sodann mit der Behutsamkeit im Umgang. Diese Behutsamkeit ist eine Art von Vorsicht, die keinen Schaden an den andern Menschen herankommen lassen will." [38]

Noch ein klitzekleiner Nachtrag zum ärgerlichen Groll-Wochenende, den ich nicht vorenthalten möchte: Im Nachhinein ist daraus nämlich sehr viel Positives entstanden. Bei der Gala durfte ich beispielsweise Michael Hirte kennenlernen – und aktuell muss ich für eine Rolle Mundharmonika spielen lernen. Außerdem begegnete ich dort der famosen Maria Prean, die meine Frau und mich nach Uganda eingeladen hat und deren „Run For Africa" wir dieses Jahr unterstützen durften. Außerdem Miss Germany, Anne-Kathrin Kosch, die seitdem meine Lesungen in Österreich moderiert hat, und im nächsten Jahr unterstützen wir gemeinsam eine Stiftung für krebskranke junge Erwachsene. Das bedeutet zwar nicht, dass meine Groll-Gründe alle nichtig waren, aber spricht vielleicht für die Theorie, dass Dinge, die im Moment nur schlecht erscheinen, aus der Ferne betrachtet auch einen Sinn ergeben können.

(siehe auch ⇨ Dankbarkeit und ⇨ Demut)

Disziplin

Disziplin ist ein schwieriges Wort. Klingt irgendwie archaisch, nach prrrrreußischen Tugenden und Lehrern mit Rohrstock. Nur noch übertroffen von den noch älteren Begriffen, die, wie böse Zungen mutmaßen, eine Grundlage des Nationalsozialismus bildeten: Zucht und Ordnung.

Disziplin ist daher kein gern benutztes Wort mehr, aber das, was drinsteckt, ist trotzdem nicht ganz unwichtig.

In den 1970-er Jahren führte der österreichische Psychologe Walter Mischel den sogenannten Marshmallow-Test mit Vorschulkindern durch: Ein Kind wurde an einen Tisch gesetzt, auf dem ein Marshmallow lag. Der Versuchsbetreuer sagte dem Kind, er werde jetzt eine Weile den Raum verlassen. Wenn das Kind es schaffe, bis zu seiner Rückkehr den Marshmallow nicht zu essen, würde es einen zweiten bekommen. Die Kinder reagierten sehr unterschiedlich – manche hielten es kaum ein paar Sekunden aus, die Süßigkeit unberührt zu lassen, andere quälten sich mit Augen zuhalten oder schlugen gar der Verzweiflung nah mit dem Kopf auf die Tischplatte, um sich zu beherrschen, und wieder andere hielten tapfer durch, bis der Versuchsleiter zurückkam. Es gibt übrigens sehr interessante Videos solcher Versuche auf YouTube, die ich sehr empfehlen kann, wenn man mal richtig gut unterhalten werden möchte.

Mischel verfolgte die Entwicklung seiner Test-Kinder über viele Jahre und stellte fest: Je länger die Kinder im Experiment die Spannung ausgehalten und Selbstdisziplin aufgebracht hatten, desto besser konnten sie als Heranwachsende mit Frustration und Stress umgehen und Versuchungen widerstehen, brachten bessere schulische Leistungen, konnten später bessere Jobs ergattern und erwiesen sich als sozial besonders kompetent. Kurzum: Sie waren resilient.39

Auch wenn die Richtigkeit seiner Ergebnisse mittlerweile angezweifelt wird, bin ich mir in einem ziemlich sicher: Disziplin, oder von mir aus auch Selbstbeherrschung, wem das besser gefällt, ist ein wichtiges „Innererschweinehundüberwindungspotenzial". Und ohne sie geht nicht so viel. Das fängt früh an – schon Laufenlernen erfordert Disziplin. Ein Kind fällt dabei hundertmal hin und tut sich auch oft weh. Deshalb denkt es aber nicht: „Okay, Laufen ist wohl einfach nicht so mein Ding, ich lasse das lieber." Es macht einfach so lange weiter, bis es klappt. Die Motivation von innen scheint also ziemlich gut intakt zu sein und erst unterwegs verloren zu gehen.

In diesem Bereich habe ich vielleicht einen kleinen Vorteil, denn durch intensives Training und das Heranzüchten von uns Kindern zu Kunstturnern wurde ich schon sehr früh an diesen sperrigen Wert herangeführt.

Ich kann mich noch vage an ein paar Kleinkinderturnstunden erinnern, bevor ich mit fünf Jahren entdeckt wurde und das ernsthafte Training losging. Ich erinnere mich daran, was es bedeutete, mit sechs Jahren an der Linie anzutreten und dort absolut reglos stillzustehen, vor dem Training, nach dem Training. Und dann denke ich an die ersten Wunden und Blessuren und blutige Hände. Ich denke an schreiende rumänische Trainer und Trainingslager, in denen wir weinten und stöhnten und die Trainer sich auf uns setzten, um uns in den Spagat zu drücken. Ich denke an Tränen, Schweiß und Blut und an Trainer, die sagten, ohne das ist es kein richtiges Training. Die Botschaft war: Wenn es wehtut, geht man weiter! Wenn man nicht mehr kann, geht man weiter! Es galt als „ein schlechtes Temperament", als eine Schande, wenn man eine Übung abbrach oder nicht zu Ende brachte. Wenn die Bizepssehne riss, dann hat man die Übung trotzdem zu Ende geturnt, man zeigte keine Schwäche, man gab nicht auf.

Vielleicht war das ein bisschen zu viel des Guten, vielleicht hat mir dieses „Ich-zieh's-durch-komme-was-wolle-ich-steh-zu-meinem-Wort-Ehrensache"-Temperament auch ein Stück weit den Rollstuhl eingebrockt. Es hatte etwas Sklavisches, hat mit Zwang, Kadavergehorsam und Selbstquälerei zu tun, immer mit dem Blick auf Wettkampf und Sieg. Das ist aber nur die eine Seite. Die andere war Spaß, Glück, Selbstverwirklichung.

Ich erinnere mich mindestens so gut an den riesigen Spaß, den wir in den Trainingslagern hatten, wenn wir gemeinsam in den Hallen übernachteten, nachdem wir den ganzen Tag nichts anderes gemacht hatten als Sport: Turnen, Laufen, Schwimmen. Beim Turnen mochte ich das Seitpferd am wenigsten, weil es das einzige Gerät ist, das dir keinen Moment der Schwerelosigkeit schenkt. Bei jedem anderen Gerät und am Boden gibt es die Zenitpunkte der Flugkurven – die schwerelosen Augenblicke, Momente der Freiheit.

Freiheit erlebte ich auch, indem mir durch das harte Turn-Training alles andere leicht gefallen ist: Skifahren, Surfen, Snowboarden, Skaten, Beach-Volleyball. Ein Salto mit den Skiern oder dem Snowboard – eine kinderleichte Übung. Oder im Schwimmbad, wo sich um den Sprungturm Menschentrauben bilden, wenn die Turner kommen und doppelte Saltos schlagen. Der Lohn der Disziplin.

(siehe auch ⇨ Beweglichkeit)

Das alles hat sich mir tief eingeprägt, es ist insgesamt zu einem Teil meiner Persönlichkeit geworden – hart zu sich selbst sein, nicht aufgeben, Schmerzen aushalten, Dinge zu Ende bringen, aber auch die Früchte genießen und wissen, dass es sich lohnt. Und das hilft mir heute oft in den verschiedensten Situationen dabei, mich nicht gehen zu lassen – was das Gegenteil von Disziplin ist und gleichzeitig ein ganz interessanter Ausdruck. Gerade für mich.

Aktuell darf ich mich in der Physiotherapie einmal die Woche für eine halbe Stunde in einen Laufroboter einspannen lassen, mit dem ich mich im wahrsten Sinne des Wortes „gehen lasse". Das Gerät bewegt meine Gliedmaßen so, wie ich sie beim Gehen bewegen würde. Das ist gut für Knochen, Gelenke, Kreislauf und Kopf – aber ich lasse mich eben gehen, statt selbst etwas zu bewegen. In diesem Bereich kann ich nicht anders, aber in anderen bevorzuge ich das selbstständige Gehen.

Mein guter bester Freund Chris hat mir die folgende interessante, wenn auch nicht 100 % ernstzunehmende Abhandlung zum Thema „Schweinehundüberwindungskraft" geschickt, die hier perfekt passt:

1. *Wenn der Schweinehund an einem Berg steht, muss er einen Widerstand überwinden, um in Gang zu kommen. Je schwerer der Schweinehund und je steiler der Berg, desto größer muss die Kraft sein, um voranzukommen.*

2. *Jeder Körper hat eine Masse, und aufgrund der Gravitation ergibt sich eine Gewichtskraft, die in*

der folgenden Formel ihren Ausdruck findet: FG = m * g (Gewichtskraft = Masse * Erdgravitation).

2.1. E= m*g*h beschreibt die potenzielle Energie, die aufgewendet werden muss, um einen Körper hochzuheben. Aber grundsätzlich besitzt er auch eine.

2.2. Wenn du also gegen den Schweinehund drückst, dann drückt er automatisch zurück.

⇨ Jeder Körper leistet also von Grund auf Widerstand. Wenn der Druck jedoch größer wird als seine potenzielle Energie (Gewichtskraft), muss er Kraft hinzufügen, um nicht überwunden zu werden.

3. Zwischen deinem Fuß und dem Boden oder zwischen der Schweinehundpfote und der Straße existiert Haftung. Wir drücken mit einer bestimmten Kraft auf den Boden, abhängig von unserer Masse und der Gewichtskraft. Der Boden, auf dem wir stehen, besitzt zudem eine Oberfläche, die nicht glatt ist, sondern mehr oder weniger rau. Der Widerstand, der dadurch entsteht, nennt sich Haftwiderstand. Würde es diesen Widerstand nicht geben, würden wir alle crazy durch die Gegend rutschen und Fortbewegung wäre nicht möglich.

> ⇨ *Ohne Widerstand also kein Vorankommen.*
>
> ⇨ *Jedoch besitzen Dinge, die uns belasten, auch einen Widerstand. Je schwerwiegender sie sind, desto höher ihr Widerstand. Und je dicker der Schweinehund, desto höher seiner.*
>
> 4. *Nehmen wir an, wir schieben oder tragen einen Schweinehund, dann besitzt diese Last eine FG und wie wir in Schritt 3 gelernt haben, dadurch einen Widerstand. Wir müssen also diese kritische Kraft „FHaft,krit" überwinden, die uns entgegenwirkt, um die Last in Bewegung zu setzen. Wenn wir das geschafft haben, ist der Widerstand zwar nicht verschwunden, sondern er wirkt uns in Form von Reibung entgegen „F reib". Aber wir kommen voran.*
>
> ⇨ *Die Last bleibt auch, nachdem wir ihr widerstanden haben, jedoch ist sie jetzt erträglich.*
>
> ⇨ *Wenn wir der Last widerstehen, können wir sie besser beherrschen.*
>
> ⇨ *Wer widersteht, hat den Widerstand überwunden.*

Die schlechte Nachricht: Ich fürchte, dass es zur Disziplin keine Abkürzung gibt. Man muss sie lernen, und das geht nicht ohne Anstrengung und Schmerz. Wie eigentlich alles im Leben, was Wert hat.

Die gute Nachricht: Wenn man sie erst mal verinnerlicht hat, hält das fürs ganze Leben und macht es einem in vielen Bereichen leichter.

Besinnung

Es gibt eine Gruppe von Menschen, die lebenslang eine Aufgabe haben, die sie fordert, aber nicht überfordert, die den Sinn in ihrem Leben gefunden haben, die sich nie Gedanken um Geld, Aussehen oder Status machen müssen, die nie allein sind und laut Studien[40] auch noch seltener an Alzheimer leiden als andere:

Mönche und Nonnen.

Die Ordensleute, die ich auf Reisen kennenlernen durfte, wirkten auf mich auffällig ausgeglichen und nicht nur nach außen hin friedlich.

Nun muss man ja nicht gleich Haus und Hof verkaufen und ins Kloster gehen. Aber vielleicht lohnt es sich, sich von diesen Meistern der Entschleunigung, die aber gleichzeitig extrem produktiv sind und ständig irgendwem irgendwo helfen, etwas abzuschauen oder zumindest einmal genauer hinzusehen.

Nicht nur deshalb war ich gemeinsam mit Chris im vergangenen Jahr zu einer mühsam freigeschaufelten Schweigewoche im Kloster Nütschau. Von dieser Woche „JWD" ohne

Handy, ohne Termine, ohne Medieneinflüsse und ohne Verpflichtungen zehre ich noch heute.

Normalerweise ist mein Alltag mit manchmal halbstündlich getakteten Terminen und anderen zentrifugalen Tätigkeiten vollgestopft, also Dingen und Gedanken, die mich in die verschiedensten Richtungen ziehen und zerren. Und manchmal füge ich auch noch aktiv Dinge hinzu, die der „Zerstreuung" dienen – als ob ich nicht ohnehin schon zerstreut genug wäre. Um all die verstreuten Teile meiner selbst irgendwie wieder einzusammeln, kann es extrem sinnvoll bis notwendig sein, auch mal zur Ruhe zu kommen. Wie schon einst der gute Goethe sagte:

> Denn ein äußerlich Zerstreuen,
> das sich in sich selbst zerschellt,
> fordert inneres Erneuen,
> das den Sinn zusammenhält.[41]

Ich muss im wahrsten Sinne des Wortes immer mal wieder „zu mir kommen". Ich merke, dass vor allem der Nachhall der vielen Erlebnisse eine Weile braucht, um mich wieder einzuholen. Und das Mittel der Wahl, um das zu erreichen, wird im Kloster Kontemplation genannt. Man kann es auch Meditation nennen, Besinnung, Stille Zeit – wie es auch bezeichnet wird, im Kern ist es immer dasselbe: eine *innere Sammlung* als dringend benötigter Gegenpol zur *Zerstreuung*.

In Nütschau durfte ich Bruder Josef kennenlernen, meiner Meinung nach ein Vollblut-Mönch, der schon im Jugendalter wusste, dass er ins Kloster gehen will. Und seit er seine Ausbildung zum „spirituellen Wegbegleiter, Visionssucheleiter und Initiatischen Therapeuten" abgeschlossen hat, müsste er in rund 20 Jahren einige tausend Menschen seelsorgerlich begleitet haben.

Zum Thema „Kontemplation" befragt, wollte er wissen, ob ich den Ausspruch von Karl Valentin kenne: „Heute will ich mich besuchen. Mal sehen, ob ich zu Hause bin." Kannte ich nicht, gefällt mir aber.

Bruder Josef ist überzeugt: Liebe, Vertrauen, Glauben und eigentlich das ganze Leben sind nur dann im Tiefsten erfahrbar, wenn man ganz bei sich und ganz bei sich selbst zu Hause ist. Deshalb ist jede Meditation oder Kontemplation immer eine Übung zu mir selbst. Gerade in unserer lauten Welt ist es schwierig geworden, zu hören. Doch nur in der Stille kann man empfänglich werden für die Stimme der eigenen Seele oder auch für Gottes Stimme. Die Gedanken, Erlebnisse und Gefühle müssen wieder in mir zusammenkommen und Gehör finden. Auch negative Gefühle, Ängste und Sorgen müssen mich einholen dürfen, ich muss mich ihnen stellen, sie ansehen und von Gott ansehen lassen. Und auch mich selbst von Gott ansehen lassen. Was er da wohl sieht?

Spannenderweise lassen sich Sorgen und Ängste dann oft *zerstreuen.* Sie sind zwar nicht unbedingt gelöst, aber sie fühlen sich, mit jemandem geteilt und in ihre Einzelteile zerlegt, leichter an. Und dann kann der herrliche Zustand des „in sich Ruhens" seinen Anfang nehmen.

Bruder Josef erklärt das „zu sich Kommen" oder die Kontemplation überraschend und erleichternd unkompliziert. Er berichtete von seiner Mutter, die immer wieder betont, dass sie eigentlich keine Ahnung hat, was ihr Sohn da im Kloster so treibt. Aber dass sie frühmorgens vor dem Aufstehen oft eine Viertelstunde lang einfach nur im Bett liegt und wahrnimmt, dass sie da ist. Und damit, so Bruder Josef, hat sie das Wesen der Kontemplation verstanden. Der Dalai Lama hat gesagt, die höchste Form der Meditation sei ein im Spiel völlig in sich versunkenes Kind.

Bruder Josefs Tipps gebe ich hier mal weiter: „Fang klein an! Wenn du es erst mal schaffst, dir jeden Tag fünf Minuten Zeit zu nehmen und einfach ganz bewusst nur zu sein, dann ist das schon ein sehr guter Anfang. Die Form, wie du das machst, ist völlig egal. Ob es Zen-Meditation ist oder das Psalmengebet, eine einfache Atemübung (zum Beispiel immer bewusst beim Einatmen zu denken: „Ich kann nicht ..." und beim Ausatmen: „ ... aber Gott kann") oder auch nur eine Weile allein in der Natur sein – fang einfach mit einer Sache an und mach diese nur ein paar Minuten, aber das jeden Tag. Und mit der Zeit kann es sein, dass du dann merkst: Ich will mehr."

(siehe auch ⇨ Glaube und ⇨ Dienen)

Erinnerungen

In Rehabilitationseinrichtungen, wie auch der meinigen, wird einem oft aus psychologischer und ärztlicher Sicht nahegelegt, sich nicht mehr mit der Vergangenheit zu beschäftigen und keine Erinnerungen hochkommen zu lassen, weil das einen nur runterziehen würde.

Bei unserem vielleicht nicht absolut repräsentativen Facebook-Aufruf, der aber an einen breiten Querschnitt von Menschen aus dem echten Leben gestellt war, antworteten sehr viele auf die Frage „Was gibt euch Kraft weiterzumachen?" mit: „Erinnerungen an schöne Erlebnisse".

Also, was denn nun?

Ich erinnere mich noch sehr gut an mein schriftliches Sport-Abitur, in dem wir unter anderem die Energiegewinnungswege und Prozesse in der Oberschenkelmuskulatur der Athleten beschreiben mussten, welche beim härtesten und gefährlichsten Abfahrtsskirennen in Kitzbühel ihr Leben riskieren. Hat auf den ersten Blick nun wirklich gar nichts mit dem Thema zu tun ☺. Aber aufgrund dieser nostalgisch-schönen Erinnerungen nutzte ich im vergangenen Jahr die Chance, selbst beim Hahnenkammrennen vor Ort zu sein.

Rechts von mir und meiner Frau saß Arnold Schwarzenegger. Er tat mir fast ein bisschen leid, als der Moderator auf der Tribüne herumging und einige der Anwesenden interviewte. Natürlich wollte er Herrn Schwarzenegger unbedingt *diesen einen* Satz entlocken. Etwas widerwillig druckste Arnold herum und sagte endlich: „I'll be back!". Die Menge applaudierte, der Moderator war zufrieden und ließ ihn in Ruhe. Dass dieses Zitat aus dem Film *Terminator* schon 33 Jahre alt ist, Arnie in zig anderen Filmen mitgespielt hat und zwischendurch den einwohnerdichtesten Staat der USA regiert hat, war dem Moderator völlig egal. Er war auf diesen Satz festgelegt und die Leute wollen ihn immer wieder hören.

Links von uns saß der überaus sympathische Gerhard Friedle, alias DJ Ötzi. Und auch er ist mehr oder weniger gezwungen, die Erinnerungserwartung der Vergangenheit in der Gegenwart aufrechtzuerhalten. Er kann es sich kaum erlauben, sein typisches Styling zu verändern, weil er dann Gefahr läuft, seinen Wiedererkennungswert zu verlieren. Und vermutlich geht es ihm so wie vielen Sängern, dass er eher unfreiwillig an die positiven Erinnerungen seiner Zuschauer anknüpfen und zum hunderttausendsten Mal den „Anton

aus Tirol" darbieten muss. (Ganz schön zu bedauernde Menschen ☺)

Ein klein bisschen ähnlich wie diesen beiden österreichischen Herrschaften geht es mir auch manchmal, mit dem Unterschied, dass sie über *diesen einen* vergangenen Erfolg definiert werden und schon davon scheinbar genervt sind, während es bei mir *dieser eine* dämliche Misserfolg ist, den zu erinnern ich immer neu gezwungen werde. Zwar bin ich in der Theaterlandschaft zunehmend als Schauspieler anerkannt, doch in der breiten öffentlichen Wahrnehmung bin ich tendenziell oft *der mit dem Unfall.*

Noch erdrückender erleben es die Männer, die einen Mord begangen haben, mit denen ich mich kürzlich im Gefängnis austauschte. Diese fatale Entscheidung, diese eine Tat bestimmt ihren Titel: Mörder. Und sie bestimmt auch darüber, wie sie den Rest ihres Lebens verbringen – hinter Gittern.

Manchmal spaltet sich das Leben im Bruchteil einer Sekunde in zwei Hälften. Eine Entscheidung. Trotz allem getroffen. Trotz allem, was da in einem wühlt und kämpft, hämmert und klopft.

So kann die Vergangenheit tatsächlich wie ein Mühlstein sein, ein Zementklotz, der einen festhält und es erschwert, in die Zukunft zu blicken. Wenn du dein ganzes Leben mitsamt Erinnerungen, Beziehungen und Altlasten in einen Rucksack packst, wird er immer schwerer, bis du ihn nicht mehr schleppen kannst. Wer ständig zurückschaut, kommt nicht zielstrebig vorwärts. Und so weiter. So gesehen kann das Vergessen vor allem schlechter, negativer Erinnerungen etwas Gutes sein. Aber welche der guten oder schlechten Erinnerungen man abspeichert und ob man darauf überhaupt einen Einfluss hat, das bleibt im Mysterium der Gehirnwindungen verborgen.

Für mich sind positive Erinnerungen eine Kraftquelle, ich versetze mich zurück und fühle das Glück nach, das ich empfunden habe. Ich kann „darin schwelgen". Und weil wir dadurch in Kontakt bleiben, sind wir einander nicht fremd und freuen uns auf ein Wiederfühlen. Das kann auch wehtun, aber das gehört nun mal dazu.

Wie viel Kraft in solchen positiven Erinnerungen steckt, verdeutlicht vielleicht die folgende Geschichte:

Drei Wochen vor meiner Hochzeit habe ich mir bei einem dummen, überflüssigen Autounfall mein Bein zertrümmert. Zwar hat meine Lähmung hier endlich auch mal was Gutes gehabt, denn ich verspürte immerhin keine Schmerzen – aber die negativen Folgen waren doch gravierend.

Der Spruch „Bis du heiratest, ist es vergessen" hat diesmal irgendwie so gar nicht gezogen. Ebenso wie „Ist doch kein Beinbruch!"

Ich hatte so große Pläne für die Hochzeit gehabt: Wir hatten extra einen Stehrollstuhl besorgt, damit ich beim Trauversprechen am Altar stehen konnte. Robert und ich wollten beim Varieté-Abend am Freitag eine Extra-Kafka-Hochzeitsversion aufführen. Und natürlich war da der Hochzeitstanz, für den ich einen Freund mit seiner komplizierten Stahlseilkonstruktion aus Berlin hatte anreisen lassen, um einen anständigen Walzer in der Zirkusmanege hinlegen zu können. All diese Vorbereitungen waren nun umsonst gewesen, so schien es. *Die ganze Hochzeit ist ruiniert*, dachte ich. *Ich kann meine Braut sowieso schon nicht über die Schwelle tragen, und jetzt wird nicht mal was aus dem Hochzeitstanz ...*

Eine Katastrophe!

Der erste Schlüssel für mich war, der Unfallverursacherin zu vergeben. Der nächste Schritt war, Kompromisse zu finden. Statt eines Gipsbeins bekam ich eine Karbonschiene, damit es nicht ganz so beschissen aussah. Am Altar stehen konnte ich trotzdem nicht, aber den Hochzeitstanz haben wir gemacht. Aufrecht, durch die Manege fliegend.

Selbst in den Flitterwochen hatte ich noch diesen Klotz am Bein, in den Sand und Salzwasser eindrangen. Wir mussten täglich mehrmals das Bein versorgen. Resilient/resistent wie wir waren, versuchten wir das auszublenden und sind trotzdem Jetski gefahren, geschwommen und getaucht.

Und jetzt kommt das wirklich Erstaunliche: Wenn mich nicht jemand explizit dran erinnert oder ich die Schiene auf Fotos sehe, habe ich die Sache mit dem gebrochenen Bein komplett vergessen und muss mich mühsam daran zurückerinnern. Sarah auch. Weil sowohl bei der Hochzeit als auch in den Flitterwochen die schönen Dinge weitaus überwogen haben. Im Nachhinein habe ich nur noch eine ganz vage Erinnerung an diese Sorge, die zuerst ach so heftig war und alles zu zerstören schien. Und eine riesige Schatzkammer voller ungetrübt wunderschöner Erinnerungen an die Hochzeit und die Flitterwochen. Wann immer ich daran zurückdenke, schleicht sich ein breites Grinsen auf mein Gesicht.

Die Vergangenheit kann ein Museum sein, in dem Erinnerungen statisch vor sich hinstauben … oder aber ein Schatz für Gegenwart und Zukunft. Ein Stoppelfeld der Vergänglichkeit oder eine Scheune nach der Ernte.

Endlichkeitsbewusstsein

Dieses auf den ersten Blick vielleicht etwas todtraurige Thema leite ich gern mal mit einem der lebendigsten Tage ein, die ich in den letzten Jahren meines untoten Daseins erleben durfte.

Schwerelosigkeit ist physisch wie metaphysisch ein Zustand, nach dem ich trachte, seit ich denken kann. Sie wird im Kunstturnen jeweils im Zenit einer Flugkurve erreicht, egal, ob Boden, Ringe, Sprung, Barren oder Reck. Ganz einfach – es sei denn, man kann sich nicht bewegen. Dann nämlich wird die Erdanziehungskraft ziemlich niederschmetternd und lässt sich nur mit schwerem Gerät und großem technischem Aufwand überwinden.

Trotz gar nicht mal so schlechten Kontakten zu ungarischen und russischen Astronauten, die mich nach Moskau zur russischen Raumfahrtbehörde eingeladen hatten, sowie einer der größten deutschen Tageszeitungen in Kombination mit einem bekannten Energy-Drink-Hersteller, die beide Interesse daran hatten, mich zur NASA nach Orlando zu schicken, um meine vermessenen Schwerelos-Pläne zu realisieren, wurde über viele Jahre nichts daraus.

Ein deutscher Astronaut, der schon im Weltall gewesen ist und dort zu der Überzeugung kam, dass es einen Gott geben muss, besuchte rein zufällig einen Gottesdienst, in dem ich den Predigtteil übernehmen durfte. Er lud mich an seinen Arbeitsplatz ein, die *European Space Agency*, die direkt vor meiner Haustür, in Darmstadt, stationiert ist. Dort lernte ich den ESA-Chef Jan Wörner kennen, dessen Büro mich bat, gehandicapte abenteuerlustige Kinder aus dem europäischen Raum zusammenzutrommeln, um ihnen unter dem Motto „Kid's Weightless Dreams" einen Ausflug in die Schwerelosigkeit zu ermöglichen.

Mit einem leer geräumten Flugzeug führt die ESA ab Bordeaux sogenannte Parabelflüge durch, bei denen das Flugzeug zuerst steil nach oben fliegt, um dann ebenso steil wieder herunterzusausen und eine Parabel zu beschreiben – sozusagen eine Verlängerung der vom Turnen bekannten Flugkurve. Dabei erleben die Insassen bis zu 22 Sekunden Schwerelosigkeit, bis der Pilot den Flieger wieder abfängt und zur nächsten Parabel aufsteigt. Dafür suchte ich nun also Kinder zusammen und bot mich auch gleich voller Aufopferung an, sie zu begleiten.

Bald ging es zusammen mit meinem Bruder Jonathan, seiner Freundin Anna und meiner Frau Sarah nach Bordeaux. Nach vielen Tests und Briefings hob der Flieger mit den Kindern aus fünf verschiedenen Nationen, den Helfern, fünf Astronauten und drei gleichzeitig steuernden Piloten zum Ausflug in die Schwerelosigkeit ab. Jonathan und ich hatten uns vorher schon überlegt, was wir in den 16 mal

22 Sekunden alles anstellen wollten, falls alles gutging und keiner kotzte.

Und tatsächlich war es noch viel schöner als erwartet. Ich konnte mich so extrem bewegen wie schon ewig nicht mehr. Zuerst haben wir mich einfach nur hingestellt – was in meinem Fall schon Hammer ist. Die 22 Sekunden kamen mir viel länger vor, als sie waren. Beim nächsten Mal stand ich an der Decke, und dann ging es natürlich an die Salti. Nach ein paar Optimierungen gelang mir schließlich mit Jonathans Hilfe ein siebenfacher Salto. Es war fast wie früher... Ich war den Tränen nah, und das will bei mir schon einiges heißen. Von der Erinnerung zehre ich heute noch und verrate an dieser Stelle, dass ich sie als Substitut auf der Bühne verwende, wenn ich extrem beflügelte Freude darstellen will.

Wie dünn die Linie zwischen glückseligem Leben und drohendem Tod ist, durften wir in den nächsten Stunden hautnah erleben.

Vollkommen euphorisiert beschlossen wir, den Rest des Tages noch am nahe gelegenen Strand der Atlantikküste zu verbringen. Obwohl das Wetter heiß und herrlich war, befanden sich nur wenige Leute im Wasser. Nichts ahnend schnappten wir uns eins der Strand-Rollstuhl-Dinger, überdimensionierte Dreirad-Liegen mit großen luftgefüllten Reifen, und heizten die steile Düne hinunter ins Wasser.

Ziemlich schnell merkten wir, warum kaum jemand im Wasser war – von oben hatten die Wellen weitaus weniger stark ausgesehen, als sie tatsächlich waren. Der erste Brecher klatschte mir voll ins Gesicht, meine Beine wurden hochgerissen und meine knielange Badehose verwandelte sich in einen String. Ich verlor völlig die Orientierung; Jonathan nutzte in Windeseile die Wellenpause, um zumindest schon mal meine Beine mit dem eigentlich dafür vorgesehenen Gurt an der Liege zu befestigen. Dann drehte er das Gefährt, um mich vor der nächsten Welle besser zu schützen.

Mit dem Rücken Richtung Atlantik konnte ich nun Sarah sehen, die uns mit etwas Abstand in die Fluten gefolgt war. Als der nächste Brecher sich aufzubäumen begann, erschrak ich über Sarahs weit aufgerissene, angsterfüllte Augen, während ich langsam emporstieg, Sarah immer kleiner wurde und voller Panik schrie: „Hol Luft, hol Luft!"

Das tat ich und unmittelbar danach brach die Riesenwelle, schleuderte mich mitsamt Dreiradliege um 180° und drückte mich unter Wasser. Gut, dass wir mich gerade noch festgeschnallt hatten an der jetzt umgedrehten Liege, die mein Auftauchen verhinderte. Ich hing also kopfunter fest und sah und hörte nichts mehr. Eine der nächsten Wellen muss wohl meine Beine von dem Trike befreit haben, und eine gefühlte Ewigkeit lang wurde ich herumgewirbelt (tatsächlich waren es wohl nur 30 Sekunden). In der

Unterseestille musste ich an Costa denken, den ich in der Reha kennengelernt hatte. Er war von einer Welle erfasst worden und brach sich unter Wasser bei der Kollision mit einer Sandbank das Genick. Seitdem ist er noch höher gelähmt als ich.

Während Jonathan und Sarah bei dem Trike fieberhaft nach mir suchten, dachte ich irgendwo in der Nähe vor mich hintreibend: *Okay, im Grunde war das heute bislang ein wirklich besonders schöner, nahezu perfekter Tag zum Sterben.* Denn so glücklich hatte ich mich schon lange nicht mehr gefühlt.

Doch dann scheint mein Hintern irgendwo aufgetaucht zu sein und Jonny rettete mich aus den Fluten. *Das* war sicher einer der kontrastreichsten Tage meines Lebens.

Die Konfrontation mit dem Tod als Mittel zur Lebenshilfe ist mir jetzt schon in den verschiedensten Kontexten begegnet. Zum Beispiel bei dem schon erwähnten Mönch Bruder Josef im Kloster Nütschau. Er führt Initiationen mit jungen und erwachsenen Männern durch, die zu ihm kommen, weil sie auf der Suche nach ihrer Identität und ihrer Rolle in der Gesellschaft sind. Bei manchen dieser Initiationsriten setzt er den Menschen irgendwo im Wald aus und lässt ihn dort bis zu drei Tage allein. „Der Junge muss sterben", heißt es

(… damit der Mann auferstehen kann). „Sie kommen alle anders raus, als sie reingegangen sind", sagt Bruder Josef.

Er erzählte mir von einem jungen Mann, den er in einem einsamen Waldgebiet in Schweden für ein „24-Stunden-Solo" zurückließ. Der Junge war bisher vom Glück verwöhnt, hatte gerade ein gutes Abi gebaut, würde demnächst in London anfangen zu studieren, seine wohlhabenden Eltern hatten ihm ein Auto und eine Kreuzfahrt geschenkt. Er kam von Kopf bis Fuß in schicken Outdoorsachen. „Eigentlich waren die zu teuer für die echte Natur, eher was zum Outdoor-Spielen", lachte Bruder Josef.

In der Nacht, die der junge Mann allein im Wald verbringen musste, begann es zu regnen wie aus Eimern und hörte nicht mehr auf. Auch die tollen Klamotten nützten nicht viel, bald war er bis auf die Knochen durchnässt, frierend, hungrig und allein im dunklen Wald. Nach vielen Stunden dachte er sich schließlich: „Ich halte das nicht mehr aus, ich gehe zurück zum Basislager!" Doch in den wilden, einsamen schwedischen Wäldern ist es nachts stockfinster, er fand den Weg im Regen nicht. Nach stundenlangem Umherirren gab er schließlich auf, schmiss seinen Rucksack von sich und legte sich einfach auf den Boden. „Ist mir jetzt egal, ich werde hier sterben und eins mit dem Wald werden."

Zu seiner eigenen Überraschung verspürte er keine Angst, als er die existenzielle Erfahrung machte: „Ich habe nicht alles unter Kontrolle, das Leben ist endlich." All seine Erfolge, seine „Was kostet die Welt"-Einstellung waren überraschend bedeutungslos geworden.

Nach gefühlt weiteren Stunden, in denen er dann irgendwie doch nicht starb, dachte er schließlich: „Na gut, es ist auch egal, ob ich hier liege oder noch etwas weitergehe." Also stand er wieder auf, lief los – und war in weniger als fünf Minuten im Basislager.

Bruder Josef sagte: „Hinter diese Erfahrung kann er nicht mehr zurück. Er ist mit seinen Ängsten und Schatten in Berührung gekommen, und er hat festgestellt, dass er es aushalten kann, dass er es überleben kann.

Die meisten Menschen machen in dieser Zeit die Erfahrung, dass es da mehr um uns herum gibt, eine Kraft, eine Geborgenheit. Die Natur begleitet dich, du bist nicht allein, vielleicht erlebst du auch eine Begegnung mit Gott. Ein 75-jähriger Mann hat mir nach einer Initiations-Erfahrung gesagt, ihm sei eigentlich sein ganzes Leben lang immer kalt gewesen, aber da draußen im Wald habe er zum ersten Mal eine Geborgenheit erlebt wie in Abrahams Schoß.

Man gewinnt eine Art Ur-Vertrauen in sich und in das Leben zurück: *Ich kann in meinem Inneren nicht verletzt werden, auch wenn alles um mich herum zusammenbricht.* Vielleicht macht man auch die Grunderfahrung: *Die Welt will mich.* Das gibt Kraft für den Alltag und hilft dabei, seine

Aufgabe im Leben zu finden und zu erfüllen. Ein bisschen wie bei Jesus in der Wüste." [42]

Solche Nahtod-Initiationsriten gibt es in vielen Kulturen, sie sind ein wichtiger Schritt vom Kind zum Mann. „Die entscheidendste Erfahrung, die man im Leben machen kann, ist die Konfrontation mit dem Tod", sagt Bruder Josef. Die biblische Entsprechung lautet: *Herr, lehre uns bedenken, dass wir sterben müssen, auf dass wir klug werden* (Psalm 90,12).

Dabei geht es aber nicht darum, quasi zu sagen: „Erleben Sie mal etwas wirklich Lebensbedrohliches, dann kommt Ihnen die Normalität im Vergleich gleich viel besser vor."

Der Punkt ist eher, die Realität des Todes als ultimative Grenze anzuerkennen, die vieles im Leben relativiert. Und priorisiert. Wenn unser Leben unendlich wäre, hätte ja nichts wirkliche Dringlichkeit. Die Tatsache aber, dass wir irgendwann sterben werden, verleiht unserem Leben einen viel größeren Wert, weil es nur einmal stattfindet und zeitlich begrenzt ist. Es gibt ein „zu spät", es gibt einen Schlusspunkt.

Mark Manson beschreibt ähnlich schön: „Der Tod ist das Licht, an dem die Schatten von allem, was dem Leben Sinn gibt, gemessen werden. Ohne den Tod würde sich alles belanglos anfühlen, wäre jegliche Erfahrung beliebig, wären alle Maßstäbe und Werte plötzlich gleich null." [43]

Sich mit der Realität unserer eigenen Sterblichkeit zu konfrontieren ist hilfreich, um zu entscheiden, für welche Werte man seine Zeit und Energie einsetzen will. Wirklich für finanziellen Wohlstand? Oder mehr Aufmerksamkeit und Anerkennung? Der Tod ist eine ganz gute Kontrollskala für schlechte Werte. Und ein guter Ratgeber.

Wofür lohnt es sich zu leben? Wofür lohnt es sich zu sterben? Ist die Welt ein besserer Ort, weil du da warst? Bist du der Mensch, der du sein willst? Bist du dankbar? Bist du neugierig, kannst du noch staunen, was begeistert dich? Was hinterlässt du?

Eine weitere Dimension der Endlichkeit ist für mich die Überzeugung, dass dieses Leben nicht alles ist. Die gute Nachricht, an die ich glaube, ist: Unabhängig davon, ob unser Leben hier auf der Erde katastrophal schmerzhaft und grausam oder wunderschön prunkvoll und erheiternd ist, kommt nach dieser begrenzten Zeit gleichberechtigt für alle ein unkenntlich langer und schöner neuer Horizont.

Die Aussicht auf den Himmel verändert meine ganze Sicht auf das irdische Leben – weil es nicht alles ist, was ich zu erwarten habe, ist es auch nicht der Weltuntergang, wenn es meinen Erwartungen nicht entspricht. Da ich überzeugt davon bin, dass das Beste erst noch kommt, muss ich nicht krampfhaft versuchen, es möglichst vollzupacken oder zu verlängern. Und es hängt auch nicht mehr so viel davon ab, immer und überall die optimalste, ökonomischste und erfolgversprechendste Entscheidung zu treffen.

Dietrich Bonhoeffer hat genau dafür eine schöne Formulierung gefunden, indem er vom „Letzten und Vorletzten"[44] sprach. Burnout, Krankheiten, Kriege – alles, was hier auf der Erde passiert und angesichts dessen man verzweifeln könnte, ist nur das Vorletzte.

Die Gefahr bei diesem Gedanken ist, dass man vor lauter Vorfreude auf den Himmel eine gewisse Realitätsflucht erleidet. Das wäre aber ziemlich schade, denn unser Leben findet nun mal genau jetzt statt und will auch jetzt gelebt werden. Tot bin ich noch lange genug. Möglicherweise habe ich noch 50 Jahre vor mir; da kann viel passieren. Ich freue mich zwar auf den Himmel, aber bis dahin schaue ich mal, was noch alles zu erleben ist.

Und gerade weil ich das für eine so wichtige, für mich universell gültige Lebenseinstellung halte, nehme ich meine Himmels-Hoffnung am liebsten mit in die Gegenwart und versuche, im Hier und Jetzt schon mal um mich herum ein Stückchen Himmel auf Erden zu feiern.

Beweglichkeit

„An den Rollstuhl gefesselt", so lautet eine vielleicht-scheinbar diskriminierende Formulierung, bei der viele Rollstuhlfahrer beinahe Schaum vor dem Mund bilden vor Empörung. Mir ist es meist relativ wurscht, was wer wie schreibt oder sagt. Was mich hingegen stört, sind die Ratschläge vieler, dass ich mich doch lieber im Rollstuhl anschnallen sollte, um nicht, wie schon zur Genüge erlebt, rauszuplumpsen. (Ich entscheide mich lieber dafür, vorsichtig zu fahren – getreu meinem Motto „Safety first!" ☺) Denn dann wäre ich wirklich an den Rollstuhl gefesselt. Dann falle ich lieber jederzeit heraus.

Das hat zur Folge, dass ich nicht nur bei Kurvenfahrten, sondern vor allem bei Talfahrten Gefahr laufe, nach vorne zu kippen und aus dem Rollstuhl zu fallen. Um das zu verhindern, muss ich entgegen aller Instinkte Vollgas geben, wenn es bergab geht.

Eine Maxime, die mir auch für andere Lebensbereiche zunehmend attraktiv erscheint.

„Nur wer mitspielt, kann gewinnen", heißt es so schön. Oder, wie meine Mutter gern zitiert: „Nur ein fahrendes Schiff kann Gott lenken."

Körperliche Bewegung gehört zu den wichtigsten Bausteinen für unser Wohlbefinden – das steht wohl außer

Frage. In einer Dokumentation zu der schon erwähnten TV-Serie „Der Club der roten Bänder" wurde ein 15-jähriger Junge vorgestellt, dem ein Bein wegen eines Tumors amputiert werden musste. Er hat das leistungsmäßige Schwimmen für sich entdeckt und sagte: „Wenn ich nicht schwimmen würde, würde ich wahrscheinlich den ganzen Tag auf meinem Bett hocken und mich fragen, warum alles scheiße ist und warum es mir so schlecht geht." Auch mir tut das bisschen Bewegung, das ich in meinem Zustand noch hinkriege, immer wieder sehr gut.

Aber neben der körperlichen gibt es ja auch noch die geistige Beweglichkeit. Kann/muss ich vielleicht sogar fehlende körperliche mit geistiger Beweglichkeit kompensieren? Weiterentwicklung, Wachstum, Neugier, das sind auch laut Gerald Hüther Grundbedürfnisse des Menschen. Seinen Ausführungen zur Demenz zufolge darf man auch im Alter nicht aufhören, immer neue Dinge zu lernen und beweglich im Kopf zu bleiben.

Ich habe mal die Formulierung gehört: „Stets ein Anfänger bleiben wollen". Das gefällt mir. Auf den „Anfängerstatus" oder die Wahrnehmung eines Kindes zurückzugehen eröffnet auch in der Kunst, Musik und im Schauspiel oft ganz neue Perspektiven.

Wenn man nicht alles schon zu wissen glaubt, bleibt man formbar, kann sich hinterfragen und verändern.

Innere Elastizität ist für die Resilienz von großem Vorteil, denn dabei geht es ja auch um die Fähigkeit, sich nach einem „Widerfährnis" wieder aufzurichten. Und etwas, das biegsam ist, bricht nicht so leicht.

Sinn

Das Glück des Leibes ist Wohlbefinden; darum sollst du darauf achten, wie es dir geht. Das Glück der Seele ist Freude; darum sollst du um die Quellen deiner Freude wissen. Das Glück des Geistes aber ist Sinn. Wenn du den Sinn deines Daseins nicht zu spüren bekommst, wenn du also ohne das Glück des Geistes lebst, dann kann auch das größte Glück der Seele und das größte Glück des Leibes diese Leere nicht ausfüllen. Mit anderen Worten: Du kannst kein erfülltes Leben haben, wenn du nicht fragst, was sich durch dich erfüllen soll. (Martin Schleske)[45]

Viktor Frankls wichtigste Erkenntnis aus der KZ-Zeit war, dass diejenigen Häftlinge das Martyrium psychisch einigermaßen heil überstanden, die trotz allem Leid einen Sinn in ihrem Leben sahen. Die Therapieform, die Viktor Frankl später entwickelte, heißt deshalb auch Logo-Therapie (Logos heißt auf Griechisch Sinn).

„Wer ein Warum zu leben hat, erträgt fast jedes Wie", dieses Zitat von Nietzsche stellte Frankl über seine gesamte

Arbeit. Er war sicher: In jedem Menschen steckt der „Wille zum Sinn". Außer dem „Müssen" (Sachzwänge, die man erfüllen muss) und dem „Wollen" (innerer Antrieb) sah Frankl noch das „Sollen" als wichtige Schubkraft: „Will ich werden, was ich kann, so muss ich tun, was ich soll."[46]

Um Erfüllung zu finden und schwere Zeiten zu überstehen, braucht jeder Mensch einen Sinn in seinem Dasein, davon war Frankl überzeugt. Und er sah die Aufgabe der Psychotherapie vor allem darin, Menschen dabei zu helfen, diesen Sinn für sich zu finden.

Für Patienten, die nach einem Schicksalsschlag Schwierigkeiten hatten, noch einen Sinn in ihrem Leben zu sehen, hatte er eine ziemlich krasse, aber hilfreiche Herangehensweise. Wenn jemand beispielsweise durch einen Unfall ein Bein verloren hatte und mit der Sinnfrage haderte, fragte Frankl ihn, ob er denn wirklich glaube, dass der Sinn des Lebens darin bestehe, möglichst gut gehen zu können. Und ob er glaube, dass das menschliche Leben so arm an Möglichkeiten sei, dass es durch den Verlust eines Beins oder einer Fähigkeit sinnlos werden könnte. Wenn er sich diesen Fragen wirklich stelle, so Frankl trocken, könne derjenige nicht mehr so verzweifeln, wie er zu müssen glaubte.

Er war überzeugt, dass ein sinn-volles Leben trotz großen Leids möglich ist und vielleicht sogar durch Leid erst wirklich zum Vorschein kommt. Und dass jedes Leben einen tiefen, unendlichen, über unser Fassungsvermögen hinausgehenden Sinn hat.

Auch der Astrophysiker Stephen Hawking appelliert in der berühmten letzten Rede kurz vor seinem Tod: *„Erinnern Sie sich daran, nach oben zu den Sternen zu blicken – und nicht nach unten auf Ihre Füße. Versuchen Sie, einen Sinn zu erkennen in dem, was Sie sind, und fragen Sie sich, was das Universum existieren lässt. Seien Sie neugierig! Und wie schwierig das Leben auch scheinen mag, es gibt immer etwas, das Sie tun können. Es ist wichtig, dass Sie nicht einfach aufgeben.“*

Wo ist dieser Sinn?

Im vergangenen Jahr durfte ich meine erste Hauptrolle in einem Kinofilm spielen. Es war ein sogenanntes Kammerspiel, sprich, der ganze Film spielt in einem Raum. Lediglich eine einzige Szene (die Schlussszene) drehten wir außerhalb dieses Raumes. Sie war vermutlich eine der aufwendigsten und spektakulärsten Sequenzen. Nach den Dreharbeiten wurde genau diese Szene aus dem Film herausgeschnitten. Die Regisseurin war der Meinung, sie sei nicht nötig, um den Sinn des Films zu verstehen. Trotzdem hat es Spaß gemacht, diese Szene zu drehen.

Ein Film setzt sich aus Tausenden von Einzelbildern zusammen, und jede Szene hat ihren Sinn. Den Sinn des ganzen Films (sofern er den Anspruch hat, sinnvoll zu sein) kann man manchmal erst gegen Ende erfassen, vorausgesetzt, man ist nicht zwischendrin eingeschlafen und hat zu viel Wichtiges verpasst, um die Szenen zu einem Ganzen zusammenfügen zu können.

Und so könnte es sein, dass sich der Sinn unseres Lebens erst zuletzt wirklich offenbart. Nur blöd, wenn man eingeschlafen ist und das Ende verpasst.

Seinen individuellen Sinn, seine besondere Aufgabe im Leben muss jeder Mensch selbst finden. Manchmal dauert die Suche eine Weile, und manchmal hat man das Gefühl, die Orientierung verloren zu haben oder festzustecken.

Mir hilft dann der Gedanke an die Metamorphose einer Raupe zum Schmetterling: In der Raupe ist schon der Schmetterling angelegt. Doch um ihr Wesen zu verwandeln, muss die Raupe erst mal eine Weile in völliger Bewegungslosigkeit und Dunkelheit verharren, fast, als wäre sie tot. Der Reifungsprozess, der im Verborgenen vor sich geht, dauert seine Zeit, und man könnte von außen meinen, es passiert überhaupt nichts. In Wirklichkeit ist es die totale Verwandlung. Man darf nicht von außen eingreifen und dem Schmetterling beim Schlüpfen „helfen", obwohl es für ihn unsagbar schwer ist, sich aus dem Kokon herauszukämpfen. Den Anblick dieser Mühsal kann man nur schwer ertragen. Hilft man dem Schmetterling, bleiben die Flügel verklebt und der Schmetterling wird niemals fliegen. Doch durch die

Kombination aus Dunkelheit, Geduld und der Anstrengung beim Schlüpfen entfalten sich die Flügel prächtig und der Schmetterling fliegt.

Ich hoffe und vertraue darauf, dass es einen Sinn gibt. Auch für mich. Immer wieder befinde ich mich auf der Suche und versuche in jeder Szene neu herauszufinden, welche Rolle ich spiele, welchen Sinn und Zweck ich erfülle und wie das dem ganzen Film dient. Vielleicht ist die Suche an sich schon sinnvoll?!

Jeder hat Sinn. Meist passend zu den persönlichen Neigungen, Leidenschaften und Talenten, manchmal mehr, manchmal weniger verpuppt oder verborgen. Wenn man nicht weiß, welche das sind, oder sie nicht entdecken kann, ist es wie mit allem, von dem man nicht weiß, wofür es da ist. Zum Beispiel das hier:

Der Sinn und Zweck des abgebildeten Geräts erschließt sich wohl 99,9 % der Menschen nicht sofort. Dass es aber einen hat und sich jemand bei seiner Erfindung etwas gedacht hat, liegt auf der Hand. Tatsächlich ist es so, dass der Gegenstand sogar einen sehr spezifischen Sinn hat, einen Zweck, den nur er erfüllen kann.

Um diesen herauszufinden, muss man ihn in Aktion sehen. Sollte das nicht möglich sein, bleibt einem nur, den Hersteller zu fragen, wozu er dieses Gerät gemacht hat. Oder, wenn man diesen nicht direkt ansprechen kann, zumindest jemanden, der schon mit ihm in Kontakt war und von ihm gehört hat.

In diesem Fall handelt es sich übrigens um einen „Gehäusebodenöffner Premium für alle gängigen Armbanduhren", den mein Opa benutzt hat – natürlich um Armbanduhren zu öffnen.

ACHTUNG: Sicherheitshinweis des Herstellers

Bitte verwenden Sie das Produkt nur in seiner bestimmungsgemäßen Art und Weise. Eine anderweitige Verwendung führt eventuell zu Beschädigungen am Produkt oder in der Umgebung des Produktes.

Viel Freude beim Suchen und Danke fürs Lesen!

EPILOG: VITAMINE FÜR DIE SEELE

Die ganz großen Sinnfragen und lebenswerten Werte bieten noch viel interessantes Diskussionspotenzial, aber ich halte sie an dieser Stelle für zunächst hinreichend behandelt. Denn irgendwann muss man auch den Absprung von der Theorie in die bunte Praxis und den Alltag schaffen.

Auch wenn ich mich sonst von universal-übertragbaren Tipps distanziere, anbei einige kleine Erste-Hilfe-Maßnahmen für „tiefe Tage" oder traurige Zeiten, die einst anderen geholfen haben.

Oft sind es ganz kleine Dinge, die einem wieder den nötigen Auftrieb für den Tag geben. Der Journalist Christoph Koch (nicht mit mir verwandt oder verschwägert) hat sich für sein Buch „Sternhagelglücklich. Wie ich versuchte, der zufriedenste Mensch der Welt zu werden" rund um die Welt auf die Suche nach dem Glück gemacht. Er hat Glücksforscher besucht, eine Lachtherapie ausprobiert und alles Mögliche andere getan. Und siehe da, die „Glücksmaßnahmen", die ihm die nachhaltigste Steigerung des Wohlbefindens einbrachten, waren vor allem drei:

1. Er verbrachte einige Stunden in der Woche zuerst mit einem, später zwei Senioren in einem Altersheim. Die Zeit und die Gespräche mit ihnen erlebte er als nachhaltig bereichernd und beglückend (Dienen/ Gemeinschaft)

2. Er überlegte sich jeden Abend, für was er dankbar ist (Dankbarkeit)

3. Wenn er deprimiert oder schlecht gelaunt war, legte er einfach ein paar hundert Meter im Hopserlauf zurück und wunderte sich jedes Mal darüber, dass das sofort zu guter Laune führt (bei sich selbst und allen Beobachtern) (Selbstdistanzierung, Humor, Beweglichkeit)

Apropos kleine Dinge: Neulich sah ich auf einer Konzertlesung Nadine wieder, die ich schon einmal getroffen hatte. Damals hatte sie ein Buch von mir zum Signieren dabeigehabt, und da ich meine Hände nicht bewegen kann, hatte ich ihr mit einem Stift im Mund ein eher ungelenkes kleines Herzchen ins Buch gemalt. Sie erzählte mir, dass sie sich dieses Herzchen gerne anschaut, wenn es ihr schlecht geht oder sie negative Gedanken hat, und dann muss sie lächeln und kann wieder weitermachen.

Thomas von Aquin, der große Philosoph und Theologe, beschreibt fünf sehr praktische und gar nicht philosophisch-verbrämte Heilmittel gegen Schmerzen und Traurigkeit, die mir gut gefallen: Tränen, das Mitleid der Freunde genießen, der Wahrheit ins Auge sehen, schlafen und ein Bad nehmen.

Ich habe angefangen, die Menschen, die von mir einen schlauen Rat haben wollen, wie man mit schwierigen Situationen klarkommt, einfach zurückzufragen: „Was gibt dir denn Kraft, was tut dir denn gut?" Oft höre ich dann: „Hm, da hab ich noch gar nicht drüber nachgedacht."

Im guten alten Facebook habe ich eine Umfrage gestartet und über 100.000 Leute gefragt: Was hilft euch, durch schwere Zeiten zu kommen? Was macht ihr gegen schlechte Laune? Was gibt euch Kraft, durchzuhalten?

Daraufhin kamen innerhalb kürzester Zeit viele hundert Antworten. Stellvertretend möchte ich eine wiedergeben, die mich sehr beeindruckt hat (und viele wichtige Punkte dieses Buches zusammenfasst):

Mein Elend spüren, nicht „wegfühlen". Es annehmen: „Okay, du sitzt in der Scheiße, das ist jetzt so." Oder auch: „Es fühlt sich nur scheiße an, es wird vorbeigehen." Mir hilft es sehr, orientiert zu sein, ich möchte wissen, was los ist. Zu wissen, dass ich nur ein Gefühl HABE, aber nicht das Gefühl BIN.

Weinen. Mich bemitleiden. Da ich allein lebe und schwer krank und pflegebedürftig bin, darf ich mich auch etwas bemitleidend selbst in den Arm nehmen. Bzw. muss ich, macht sonst keiner. Dann tief durchatmen. Tief atmen ist ausgleichend, hilft meinem inneren Stehaufmännlein, sich auszupendeln.

Mir Schönes vorstellen oder, wenn ich es körperlich schaffe, mir etwas Gutes gönnen. Jeden Tag zu etwas Schönem machen oder zumindest ein klein bisschen was Schönes machen.

Machen ist eh ganz wichtig. Wenn der Körper im Dauerurlaub ist und streikt, ist die Hilflosigkeit und Ohnmacht ein großer Feind. Etwas ZU TUN ist super wichtig.

Sich kleine Wünsche erfüllen. Dann Träumchen und hoffentlich irgendwann Träume. Sie nicht aufzugeben ist schwer, aber wichtig. An manchen Tagen möchte ich aufgeben. Dann blicke ich zurück, sehe, wie verdammt weit ich es gebracht habe, kriechend, heulend, aber ich bin da. Und ich WEIß, es gibt immer wieder richtig tolle Supertage.

Das ist mein Anker.

Außerdem kommuniziere ich alle Sorgen mit Freunden, zwar nur online, aber egal, hilft sehr! Auch mal jammern dürfen, Gleichgesinnte/Leidensgenossen suchen. Aber nur kurz, dann wieder tief durchatmen und ablenken. Ich finde es nur wichtig, sich nicht NUR abzulenken, nicht davonzulaufen…

Und zuletzt so oft ich kann raus an die frische Luft und in die Natur, das ist meine Energietankstelle!

Das statistisch ausgewertete Ergebnis aus dieser Umfrage und meinen umfangreichen Recherchen und Nachfragen zu dem Thema „Was Menschen morgens aufstehen lässt" möchte ich selbstverständlich nicht vorenthalten – vielleicht ist ja das eine oder andere hilfreiche kleine Geschenk oder ein nützlicher „Stimmungsaufheller" für den Anderen oder die Eine dabei.

Ich kann nur nahelegen, viele Dinge wie den Hopserlauf oder den Baumarktbesuch einfach mal auszuprobieren. Nicht dass man nachher sagen muss: Das Leben hat mir so viele Geschenke gegeben, die ich nicht ausgepackt habe, weil mir die Verpackung nicht oder zu sehr gefallen hat.

*Musik hören * Musik machen/Singen * Für sich beten lassen * Die Schönheit der Natur genießen/Spazieren gehen * Tanzen * Ein schönes Schaumbad nehmen * Über die Probleme/Schwierigkeiten reden * Gemeinschaft mit guten Freunden genießen * Ein gutes/kitschiges Buch lesen/einen guten/schmalzigen Film schauen * Dankbarkeit üben * Eine Weile weinen, klagen, jammern, sich dann aber wieder aufrappeln * Sich die Zukunft positiv ausmalen * Gott im Gebet alles hinlegen * Anteilnahme/Trost von anderen annehmen * Einen Kuchen backen * Sich einen kleinen Wunsch erfüllen * Jemandem helfen, dem es schlechter geht * Sport treiben, Auspowern, Bewegung * Jeden Tag etwas Neues lernen * An Gott denken und in der Bibel/im Koran lesen * Zeit mit Familie/Partner verbringen * Sich bewusst an schöne Momente erinnern * Ein Eis essen * Gedanken aufschreiben und ordnen * Die Gesellschaft von Tieren genießen * Eine warme Mahlzeit * Ausschlafen * Sich kleine, zu bewältigende Aufgaben*

suchen ∗ Selbstreflexion ∗ Einen Brief schreiben ∗ Sich eine Massage gönnen ∗ Jemand anderem etwas Gutes tun ∗ Die Seele baumeln lassen und nichts tun ∗ Bewusst aufs Atmen konzentrieren ∗ Sich etwas gönnen, zum Beispiel eine Kosmetikbehandlung ∗ Sich daran erinnern, was man schon alles geschafft hat und dass man dies hier auch schaffen wird ∗ Den Schmerz zulassen bzw. akzeptieren ∗ Schokolade essen ∗ Kleine Freudenmomente spüren ∗ Aufs Meer schauen ∗ Allein sein ∗ In den Baumarkt gehen ∗ Indoorspaziergang ∗ Ermutigende Bibelverse/Sprüche lesen und in der Wohnung aufhängen ∗ Arbeiten ∗ Notfalls auch mal schreien ∗ Ins Theater gehen ∗ Etwas erleben, das neue Reize setzt, zum Beispiel Fallschirmspringen ∗ Einem Ehrenamt nachgehen ∗ Pläne für morgen schmieden ∗ An sich selbst glauben ∗ Wein trinken ∗ Eine Nacht drüber schlafen ∗ Die Sache mit Humor betrachten ∗ Gnädig mit sich selbst sein, sich Zeit geben ∗ Rosenkranz beten ∗ Auf einen Berg steigen und die Welt von oben sehen ∗ Sich an der Leichtigkeit von Kindern freuen ∗ Etwas Kreatives machen ∗ Über sich selbst lachen ∗ Professionelle Hilfe suchen ∗ Sich die Nägel knallrot lackieren ∗ Anderen Menschen Mut machen/ Trost spenden ∗ Aktivität/Neues erleben ∗ Putzen, Aufräumen, Entrümpeln ∗ Sich jeden Morgen drei kleine

Ziele stecken * Immer nur einen Tag nach dem anderen angehen * Meditation/Yoga, Achtsamkeitsübungen, um die Gedanken zu zentrieren * Eine gute Zigarre * Etwas Stressiges absagen * Roten Lippenstift auftragen und sich im Spiegel zulächeln * Ballerspiele am PC spielen * Am Monatsende mein Gehalt auf dem Konto sehen * Schwarzer Humor * Sich daran erinnern, dass es wieder besser wird * Eine durchgefeierte Nacht mit Freunden *

Wie man anderen beim Aufstehen helfen kann

Im Grunde sind das alles eine Art „Vitamine für das emotionale Immunsystem", die man je nach Bedarf selbst einnimmt oder aber auch einem Gegenüber geben kann, das an Vitaminmangel leidet.

Das ist gar nicht mal so einfach. Überfordert bin ich selbst immer dann, wenn mich gestandene Eltern, meist Mütter, um Rat bitten und fragen, was denn meine Eltern richtig (oder je nach Sichtweise falsch) gemacht haben. Mir bleibt dann oft nichts anderes übrig, als auf Gerald Hüther zu verweisen, der im Grunde Ähnliches formuliert, wie es früher in meinem Elternhaus am Küchenschrank zu sehen war. Dort hingen sechs kleine Bildchen mit Leitmotiven, die sich meine Eltern für unsere Erziehung sehr zu Herzen nahmen:

Kinder brauchen …

- **Geborgenheit:** Selbst Geborgenheit in der Familie erlebt zu haben ist eine entscheidende Voraussetzung, um später soziale Beziehungen aufbauen zu können.

- **Vertrauen:** Die Erfahrung, nicht „fallengelassen" zu werden und nicht allein zu sein macht Mut, sinnvolle Risiken einzugehen.

- **Sicherheit:** Das Erleben, dass man in der Bewältigung der alltäglichen Probleme zusammensteht, gibt Kraft.

- **Freude:** Unbeschwert und schöpferisch zu sein ist ein notwendiger Ausgleich zu alltäglichen Belastungen.

- **Ermutigung:** Eigene Erfahrungen zu machen und zwischen richtig und falsch unterscheiden zu lernen ist zur Lebensbewältigung unverzichtbar.

- **Schutz:** In Gefahrensituationen eine Zufluchtsmöglichkeit zu haben ist die Grundlage für Selbstsicherheit und innere Ausgeglichenheit.

Den besten Leid-Faden für diejenigen, die unsicher sind, wie sie anderen beim „Wiederaufstehen" helfen können, findet man bei einer der klassischsten Leid-Figuren in der Literatur: Hiob.[47]

Die vielleicht tragischste Figur in der Bibel. Hiob verliert nach und nach alle seine Kinder, sein Vieh, seine Häuser und schließlich auch noch seine Gesundheit und sitzt obdachlos im Dreck vor der Stadt. Seine Freunde hören von seinem Unglück und kommen zu ihm – und sitzen zunächst mal einige Tage einfach nur schweigend bei ihm. Sie leiden mit ihm und halten mit ihm zusammen seinen Schmerz aus, und das ist die vielleicht beeindruckendste (und schwerste) Form von Liebesbeweis, die ich kenne.

Später fangen sie dann aber leider doch an, darüber zu spekulieren, warum Hiob so viel Leid erleben musste, und kommen mit den üblichen platten Erklärungsversuchen. Und ab da ist ihre Anwesenheit gar nicht mehr tröstlich.

Einfach da sein und mit dem anderen leiden ist immer gut – heikel wird es erst, wenn man mit vermeintlich hilfreichen Ratschlägen, Aufmunterungssprüchen und kruden Erklärungsversuchen anfängt. Auch wenn es noch so schwer fällt, einfach mal nur miteinander zu schweigen oder den Schmerz des anderen zu ertragen.

Es ist vermutlich der filigranste, sensibelste Freundschaftsdienst, herauszuspüren, wann es genug ist mit dem schlichten Anwesendsein, Herumsitzen und Sich-anschweigen. Denn als wahrhaftiger Freund oder wirkliche Vertrauensperson, aber auch nur dann, hat man das Recht und vielleicht sogar die Pflicht, der geliebten Person auch, wenn es schwerfällt, eine richtungsweisende Korrektur zu verabreichen.

Dabei gilt es aber nicht plump zu sagen: „Du musst dies oder das tun, beweg dich hier- oder dorthin!", sondern eher motivierende Inspiration anzubieten und schönere Möglichkeiten aufzuzeigen. Und dann gemeinsam darüber nachzudenken, welche Folgen sie haben könnten.

Vielleicht weniger „Los, raus mit dir! Beweg deinen A…rm …", sondern eher so etwas wie: „Faszinierendes Meisterwerk da draußen! Bei Sonnenaufgang sieht die Landschaft aus wie eine gemalte Fabelwelt. Morgen würde ich dich gern mal mitnehmen."

Jedes Ereignis, alles auf der Welt hat seine Zeit: Geborenwerden und Sterben, Pflanzen und Ausreißen, Töten und Heilen, Niederreißen und Aufbauen, Weinen und Lachen, Klagen und Tanzen, Steinewerfen und Steinesammeln, Umarmen und Loslassen, Suchen und Finden, Aufbewahren und Wegwerfen, Zerreißen und Zusammennähen, Schweigen und Reden, Lieben und Hassen, Krieg und Frieden.
(Prediger 3,1-8, Hfa)

Danke

Wenn ich jetzt hier eine Danksagung schreiben wollen würde, die allen, die zur Entstehung dieses Buches beigetragen haben, gerecht werden soll (Karoline Kuhn, deren Name eigentlich über mir auf dem Cover stehen sollte, der unfassbare Gerald Hüther, meine Wunder-Frau, meine Familie und die Hunderten von Menschen, die mir ihre Zeit gespendet und ihr Herz geöffnet haben), dann würde ich das dieses Jahr nicht schaffen und ein Nachschlagewerk anhängen müssen. – Deshalb lasse ich es an dieser Stelle bleiben und danke stellvertretend für alle dem kleinen, vorbildhaften Josua, der zu meiner Freude tatsächlich heute zur Vollendung dieses Buches zum Stehaufmännchen wurde und seine ersten Schritte gemacht hat.

Ein paar Empfehlungen

Gerald Hüthers Bücher:
Würde – wer wir sind und was uns stark macht, Knaus 2018
Raus aus der Demenzfalle!, Arkana 2017
Biologie der Angst. Wie aus Stress Gefühle werden, Vandenhoeck & Ruprecht 2012
Wer wir sind und was wir sein könnten. Ein neurobiologischer Mutmacher, Fischer TB 2013

Gerald Hüther zum Mitmachen:

https://www.akademiefuerpotentialentfaltung.org

https://www.wuerdekompass.de/projekte/aufruf-zur-wuerde

QUELLEN

1 Dietrich Thränhardt: *Spanische Einwanderer schaffen Bildungs-kapital: Selbsthilfe-Netzwerke und Integrationserfolg in Europa.* (Memento vom 30. Juni 2007 im *Internet Archive*) Zugriff am 20. November 2007

2 Alexander Batthyány, Vorwort zu Viktor E. Frankl: Wer ein Warum zu leben hat. Lebenssinn und Resilienz, Beltz 2017, S. 20/21

3 Viktor E. Frankl: Wer ein Warum zu leben hat. Lebenssinn und Resilienz, Beltz 2017, S. 162

4 Wer ein Warum …, S. 163/164

5 Wer ein Warum …, S. 213

6 Mt 10,39 Mt 16,25 Mk 8,35 Lk 9,24 Lk 17,33 Joh 12,25

7 Thomas Gebauer: *Aktuelle Konzepte zur Krisenbewältigung stabilisieren genau jene Verhältnisse, die Krisen hervorrufen.* In: *medico international: rundschreiben* 02/15.

8 *Psychische Ressourcenstärkung bei VN-Beobachtern zur Prävention einsatzbedingter psychischer Störungen – eine Pilotstudie*

9 Emmy E. Werner: *The children of Kauai: a longitudinal study from the prenatal period to age ten.* University of Hawaii Press, Honolulu 1971

10 Zum Beispiel die „Mannheimer Risikokinder-Studie“: https://econtent.hogrefe.com/doi/abs/10.1026/0942-5403/a000232?journalCode=kie

11 Wendy Mogel: *The Blessings of a Skinned Knee: Using Jewish Teachings to Raise Self-Reliant Children.* Scribner, 2001

12 Nathan Caplan u. a.: *The Boat People and Achievement in America: A study of family life, hard work, and cultural values.*

University of Michigan Press, 1989; David W. Haines (Hrsg.): *Refugees as immigrants: Cambodians, Laotians and Vietnamese in America*. Rowman & Littlefield Publishers, 1989

13 Nathan Caplan u. a.: *Indochinese Refugee Families and Academic Achievement*. In: *Scientific American*. Februar 1992, S. 18–24

14 Richard Rohr: Ins Herz geschrieben, Herder 2008, S. 46

15 Gerald Hüther: Biologie der Angst, Vandenhoeck & Ruprecht 2012

16 Gerald Hüther: Würde, Knaus 2018

17 Samuel Koch: Rolle vorwärts, adeo 2015, Seite 78-79

18 Mark Manson: Die subtile Kunst des darauf Scheißens, mvg Verlag 2018

19 Samuel Koch: Rolle vorwärts, S. 208

20 Martin Schleske: Herztöne, adeo 2017, S. 288

21 Philipper 2,13 (GN)

22 Interview mit Charlotte Link auf www.stadtgottes.de

23 Christoph Koch: Sternhagelglücklich. Wie ich versuchte, der zufriedenste Mensch der Welt zu werden, Blanvalet 2013

24 Schleske, Herztöne, S. 250

25 https://www.jesus.ch/themen/people/erlebt/121089-da_bat_der_kzwaerter_um_vergebung.html

26 Jarem Sawatsky: Dancing With Elephants, Red Canoe Press, Kanada 2017, S. 167

27 *Welcome to Holland*, 1987 by Emily Pearl Kingsley. All rights reserved.

28 Mark Manson: Die subtile Kunst ..., S. 35

29 1 Korinther 12,12-26

30 Susanne und Markus Mockler: Das EMMA-Prinzip, adeo 2018

31 Holger Senzel: Arschtritt, Südwest Verlag 2011

32 „Aufstehen", Clemens Bittlinger Musik: Purple Schulz/Piek/ Bittlinger/Text: Clemens Bittlinger

33 Frankl: Wer ein Warum zu leben hat, S. 115

34 Schleske, Herztöne, S. 90

35 https://de.wikipedia.org/wiki/Gelotologie

36 https://de.wikipedia.org/wiki/Humor

37 https://www.youtube.com/watch?v=36m10-tMo5g

38 O. F. Bollnow, Die Tugend der Geduld https://bollnow-gesell- schaft.de/getmedia.php/_media/ofbg/201504/478vo-orig.pdf

39 Walter Mischel: Der Marshmallow-Test: Willensstärke, Beloh- nungsaufschub und die Entwicklung der Persönlichkeit, Sied- ler Verlag, München 2015

40 https://de.wikipedia.org/wiki/Nonnenstudie

41 Johann Wolfgang von Goethe, Inschriften, Denk- und Sende- blätter 5, Der Prinzessin Maria von Sachsen-Weimar und Eise- nach, Berliner Ausgabe. Poetische Werke [Band 1–16], Band 1, Berlin 1960 ff, S. 719-720

42 Matthäus 4,1-11

43 Manson: Die subtile Kunst ..., S. 207

44 Dietrich Bonhoeffer: Ethik, DBW Band 6, Seite 141f.

45 Schleske, Herztöne, S. 197/198

46 Frankl, Wer ein Warum zu leben hat, S. 280

47 Die Hiob-Geschichte findet sich etwa in der Mitte der Bibel, vor den Psalmen.

FSC
MIX
Papier aus verantwor-
tungsvollen Quellen
FSC® C084279
www.fsc.org

Die zitierten Bibelstellen wurden, wenn nicht anders angegeben,
der folgenden Bibelübersetzung entnommen: Lutherbibel, revidiert
2017, © 2016 Deutsche Bibelgesellschaft, Stuttgart

© 2019 adeo Verlag
in der Gerth Medien GmbH,
Dillerberg 1, 35614 Asslar

1. Auflage Januar 2019
Bestell-Nr. 835211
ISBN 978-3-86334-211-1

Umschlaggestaltung: JoussenKarliczek
Umschlaggrafiken und Innenillustrationen:
Cornelia Koller, www.cornelia-koller.de
Satz: Uhl + Massopust GmbH, Aalen
Druck und Verarbeitung: Print Consult GmbH, München

www.adeo-verlag.de